Dr. Anne-Katrin Straesser

Das Marketing-Geheimnis

für Fitnessstudios

Wie Sie in 12 einfachen Schritten Ihren Umsatz steigern – auch ohne BWL-Studium oder Marketingbudget

© 2010 Dr. Anne-Katrin Straesser

Bibliografische Information der Deutschen Nationalbibliothek:

Die Deutsche Nationalbibliothek verzeichnet diese Publikation in der Deutschen Nationalbibliografie; detaillierte bibliografische Daten sind im Internet über dnb.d-nb.de abrufbar.

Herstellung und Verlag: Books on Demand GmbH, Norderstedt

ISBN 9-783839-154144

© 2010 Dr. Anne-Katrin Straesser

Besuchen Sie uns im Internet: www.aks-bc.de

INHALTSVERZEICHNIS

VISION UND BEDIENUNGSANLEITUNG

Guten Tag!

Sie haben es schon geahnt: Dieses Buch ist anders. Es ist ein Marketingbuch, das Sie nicht mit unnötiger Theorie zuwirft, sondern Ihnen echte Anregungen gibt, die Sie sofort umsetzen können.

Es behandelt die wesentlichen Aspekte, die Sie im Marketing berücksichtigen sollten, um den Erfolg Ihres Fitnessstudioss zu steigern. Dieser Erfolg wirkt sich auf Sie persönlich aus, aber auch auf Ihre Mitarbeiter und wiederum Ihre Kunden.

Die Vision, die sich dahinter verbirgt ist, dass wir in unserer Welt zunehmend Produkte und Dienstleistungen mit echtem Wert benötigen. Und ein ganz großer Teil dieses Wertes macht die Zufriedenheit der Menschen auf beiden Seiten des Verkaufs aus.

Anhand von 12 einfachen Schritten erfahren Sie, wie Sie Ihren Verkauf verbessern und Ihren Gewinn steigern können. Das Geheimnis, das sich dahinter verbirgt ist, wie Sie dies auch ohne großes Werbebudget oder besondere Vorkenntnisse erreichen können.

Es sind einfache Schritt-für-Schritt-Anweisungen, die jeder, wirklich jeder, auch Sie!, durchführen kann.

Der Anspruch dieses Buches ist es, eben kein wissenschaftliches Lehrbuch zu sein, sondern ein praxisorientierter und unterhaltsamer Ratgeber. Es enthält nur soviel „Theorie" wie nötig, damit alles im Gesamtzusammenhang erfasst werden kann.

Wenn Sie auf der Suche nach wissenschaftlicher Marketingliteratur sind, die verschiedene Theorien, Konzepte und Definitionen herleitet und diskutiert, werden in Sie in diesem Buch nicht fündig werden.

Was Sie in den Händen halten ist vielmehr ein Begleiter zum Erfolg, ein An-die-Hand-Nehmen und ein Coaching, damit Sie Ihr Ziel auch erreichen.

Das „Lernen am Erfolg" – Prinzip soll gerade kleineren Betrieben, die sich spezifisches Wissen oft zeitraubend aneignen müssen, leicht umsetzbare Konzepte liefern und zwar nur solche, die auch funktionieren und für Fitnessstudios sinnvoll sind.

Sie erfahren daher in dem Buch,

- was das Spezielle am Marketing für Fitnessstudios ist

- welche Werbemaßnahmen den gewünschten Erfolg bringen und welche reine Zeit- und Geldverschwendung sind

- wie Sie bestehende Kunden so zufriedenstellen, dass sie immer wieder zu Ihnen kommen

- wie Sie neue Kunden gewinnen; und das mit Maßnahmen, die mit geringen Mitteln einen großen Erfolg versprechen

- wo Sie Kosten sparen können, um nicht nur Ihren Umsatz, sondern auch Ihren Gewinn zu steigern

- wie Sie Ihre Kunden besser verstehen und ihnen genau den Service und die Produkte bieten, die sie wirklich haben wollen

- wie dabei Sie als Unternehmer nicht zu kurz kommen, und Ihre persönlichen Ziele nicht auf der Strecke bleiben

und vieles mehr...

Noch etwas ist speziell an diesem Buch: Es wird Sie dazu bringen zu handeln. Denn nur so ist Ihnen der Erfolg auch garantiert!

Wenn Sie sich ein Ziel vornehmen, ohne etwas dafür zu tun, werden Sie es wohlmöglich nie erreichen. Doch wenn Sie anfangen die ersten kleinen Schritte in die richtige Richtung zu gehen, werden Sie irgendwann ankommen!

Daher finden Sie nach jedem Kapitel Vorschläge für Aufgaben, die Sie einen weiteren Schritt nach vorne bringen.

Sie können diese gleich ausführen, oder das Buch erst einmal überfliegen, und es dann genauer durcharbeiten.

Vor allem soll das Buch anregen und Ihre Kreativität wecken. Ich wünsche Ihnen deshalb viel Spaß beim Lesen, inspirierende Ideen und viel Erfolg bei den einzelnen Schritten.

WAS BEDEUTET MARKETING UND WIE KANN ES IHNEN NÜTZEN?

„Gutes Marketing bedeutet, den Kunden kontinuierlich großen Wert zu liefern."

Philip Kotler (1999)

Marketing ist nicht einfach nur Werbung. Viele Leute setzen diese zwei Begriffe gleich, doch Marketing ist nach meinem Verständnis viel mehr. Das Zitat von Kotler, der als einer der größten Marketing-Gurus weltweit gilt, habe ich deshalb ausgewählt, weil es meiner Meinung nach genau den Kern dessen trifft, was ich versuche, in diesem Buch zu vermitteln: Nämlich großen Wert für den Kunden zu schaffen und diesen Wert auch kommunizieren zu können.

Das ist die Bedeutung von Marketing.

Und wie kann es Ihnen nützen? Nun, wenn Ihre Kunden zufrieden sind, dann werden auch Sie es sein. Und diese Zufriedenheit spürt auch Ihr Geldbeutel.

Das ist Ihr persönlicher Nutzen von gutem Marketing.

Wert für den Kunden schafft man daher nicht erst mit der Werbung, sondern bereits viel früher: Mit dem eigentlichen Produkt und dem „Kauf-Erlebnis", das Sie dem Kunden bieten. – Was bekommt Ihr Kunde, wenn er etwas bei Ihnen erwirbt? Welche Emotionen schwingen mit, wenn er bei Ihnen „eintritt", einen Bedarf hat und letztendlich Ihr Training in den Händen hält?

So viel steht also schon mal fest: Marketing ist eine sehr gefühlsmäßige Angelegenheit.

Die einzelnen Elemente des Marketing helfen Ihnen an den verschiedenen Stationen, die Ihr Kunde während des Kaufprozesses durchläuft.

Nun geht es zunächst einmal darum, herauszufinden, wie unser Kunde eigentlich tickt . Welche Prozesse gehen in ihm vor und welche Gefühle kommen bei ihm ins Spiel, wenn er etwas kaufen möchte? – Von der Marktforschung bis zur Gehirnforschung, das Marketing liefert hierauf Antworten.

Wenn Sie wissen, wie der Kunde tickt und was er wirklich braucht, benötigen Sie das notwendige Handwerkszeug, um ein Produkt oder einen Service zu entwickeln, der diesem Bedürfnis entspricht. Dieses Instrumentarium bekommen Sie im Marketing.

Darüber hinaus liefert es Ihnen Methoden, mit denen Sie die Welt wissen lassen, dass es Sie und Ihr Training gibt. Das ist der Anfang jedes Kaufprozesses!

Und es zeigt Ihnen, wie es Ihnen gelingt, sich von Ihren Wettbewerbern abzusetzen und etwas ganz Besonderes zu liefern.

Wenn Sie diese Klaviatur des Marketing beherrschen, werden auch Sie davon profitieren. Und zwar, weil Ihre Kunden davon profitieren und Ihnen dafür dankbar sein werden! Diese Dankbarkeit drückt sich dadurch aus, dass Sie bei Ihnen kaufen, mit Ihrer Leistung glücklich sind und immer wieder gerne zu Ihnen kommen, Ihren Nachbarn und Freunden von Ihnen erzählen und Sie weiterempfehlen.

Und damit ist klar, welchen Nutzen Marketing Ihnen bringen kann: Marketing hilft Ihnen also dabei, mehr Geld zu verdienen.

Doch keine Angst, wir werden Schritt für Schritt diese Elemente durchgehen. Doch zunächst sollten wir uns anschauen, was Marketing für Fitnessstudios speziell bedeutet.

1. Marketing bedeutet Wert für den Kunden zu schaffen.

2. Der Wert drückt sich in den guten Gefühlen aus, die der Kauf Ihrer Trainings beim Kunden verursacht.

3. Marketing gibt Ihnen das Handwerkszeug, um Ihre Kunden besser zu verstehen und besser mit ihnen zu kommunizieren.

4. Nur wenn Ihre Kunden zufrieden sind, dann werden auch Sie Erfolg mit Ihrem Fitnessstudio haben.

WAS IST DAS SPEZIELLE AM MARKETING FÜR FITNESSSTUDIOS?

„Ich habe kein Marketing gemacht. Ich habe immer nur meine Kunden geliebt."
Zino Davidoff (1906-94), Schweizer Zigarrenhersteller

Im Grunde genommen, unterscheidet sich unser Verständnis über Marketing nicht von dem, was beispielsweise Großunternehmen damit verbinden. Firmen, die Millionen für Marktforschung, die Entwicklung von Marketingplänen, und die Durchführung von Marketingaktionen ausgeben, wie Coca-Cola, Nike oder McDonald's, um nur ein paar zu nennen.

Was sich jedoch wesentlich unterscheidet, ist, dass Fitnessstudios in der Regel nicht über den Millionenetat verfügen, um zu analysieren welches Produkt mit welchem Preis am besten beim Kunden ankommt und dann die Werbetrommel dafür im großen Stile zu rühren.

Daher werden Sie andere Instrumente benutzen oder vielleicht etwas anders vorgehen.

Doch das Grundprinzip, Wert für den Kunden zu schaffen und diesen zu vermitteln, und dadurch Ihren eigenen Nutzen zu erhöhen, gilt auch für Fitnessstudios!

Um einen etwas besseren Überblick zu bekommen und ein Verständnis dafür zu entwickeln, was für Sie noch alles möglich ist, schauen wir uns erst einmal die Branche ein wenig an. Vielleicht fallen Ihnen bereits dabei einige Dinge auf!

1. Fitnessstudios verfügen über einen vergleichsweise kleinen Marketingetat und müssen daher mit anderen Instrumenten als Großunternehmen arbeiten.

2. Auch für Fitnessstudios ist das wichtigste Grundprinzip: Wert schaffen für den Kunden und diesen Wert kommunizieren.

WAS MACHEN IHRE KONKURRENTEN UND WIE HEBEN SIE SICH AB?

Zunächst ein paar Zahlen: Laut DSSV gibt es in Deutschland rund 5.730 Fitnessstudios (2008).

Die Branche besteht aus eher kleinen und mittleren Betrieben, über 80 Prozent der Studios bleiben unter 250.000 EUR Jahresumsatz (netto), noch fast 50 % setzen nicht mehr als 100.000 EUR um, gerade 2 Prozent brachten es auf Umsätze über 1 Mio. EUR.

Knapp ein Viertel beschäftigen mehr als 10 Mitarbeiter.

Derzeit kommen rund 14.500 Einwohner auf ein (schon bestehendes) Studio. Rund 5,9 Mio. Mitglieder in Fitnessclubs zählte der Bundesverband DSSV 2008, um 5 Mio. Mitglieder waren es 2007. Die Quote der Clubmitglieder an der Bevölkerung liegt zwischen 6 und 7 Prozent (EU-Durchschnitt: 7,9 %).

Ein Existenzgründer, der zunächst wahrscheinlich nur in einen kleinen Club mit rund 300 bis 500 Quadratmetern investieren kann, muss sich im Klaren sein, dass es zunehmend schwieriger wird, sich regional gegen die Marketingmacht und Kapitalkraft etablierter Kollegen und großer Ketten durchzusetzen. Außerdem: Der dauerhafte Betrieb eines Fitnessstudios erfordert alle zwei bis drei Jahre ein hohes Investitionsbudget. Härter werdenden Preiskämpfe, u.a. durch großzügige Rabatte bei Neukundenwerbung, führen dazu, dass sich das Umsatzwachstum verlangsamt, die Kosten aber gleich bleiben oder sogar wachsen und so die Gewinnspanne schrumpft.

Traumzahlen bei neu geworbenen Mitgliedern können nur die Fitness-Ketten aufweisen; die Kunden sind vielfach an günstigen Monatspauschalen mehr interessiert als an einem differenzierten Angebot.

Eine Studie der Unternehmensberatung Deloitte & Touche zum Fitnessmarkt prognostiziert, dass auf dem deutschen Markt die Entwicklung der angelsächsischen Länder nachgeholt wird, wo Studio-Ketten bereits 27-30 Prozent Marktanteil halten.

Für 2008 wird von Experten für Deutschland bereits ein Marktanteil von 34 Prozent genannt, allein die Top 5 (McFit, Fitness First, Kieser, Injoy, Elixia Group) mit ihren ganz unterschiedlichen Konzepten von Discount bis Gesundheit halten ein Viertel des Marktes.

Die Branche scheint weitgehend konjunkturunabhängig: Laut DSSV erwarten zwei Drittel der Studios für 2009 wachsende Mitgliederzahlen – trotz wirtschaftlich schwieriger Zeiten. Experten erwarten - neben dem weiteren Wachstum von Discount-Studios mit einfacher Ausstattung – den Erfolg von Nischenstrategien (Frauen, Gesundheit, Senioren) und Kooperationen mit Unternehmen (Rabatte für Firmenangehörige).

Von den drei Marktsegmenten Freizeit-, Fitness- und Gesundheitsmarkt wird wohl der Gesundheitsmarkt langfristig das größte Potenzial für eine Marktausdehnung bieten. Ein Beispiel dafür bietet der Erfolg der Kieser-Trainingsstudios, die sich auf Rückenleiden, Volkskrankheit Nummer Eins, spezialisiert hat und innerhalb von 2 Jahren gut 130.000 Mitglieder geworben hat.

Nach Expertenmeinung bietet die Konsolidierung der Branche neuen Studios Raum und Chancen für innovative Ideen, weil Fitness und Wellness weiterhin als Wachstumsmarkt angesehen werden.

Auf den Markt drängen aber auch Konkurrenten aus den Sportvereinen, die an die 30 Mio. Mitglieder haben und zunehmend in Fitness- und Wellness-Einrichtungen investieren und ihr Kursangebot modernisiert haben.

Sie sehen also, in der Branche tut sich Einiges. Vor allem konkurrieren neben Ihnen eine Vielzahl von Wettbewerbern um Ihre Kunden. Daher ist das Verständnis darüber, was Sie von den anderen unterscheidet eine wesentliche Voraussetzung für Ihre Schritte zum Erfolg.

Daher beginnen wir mit der ersten Aktion. An dieser Stelle möchte ich darauf hinweisen, wie wichtig es ist, diese Aktionen auch durchzuführen. Sie werden so viel mehr dadurch erreichen, als wenn Sie dieses Buch einfach nur passiv lesen. Das steht Ihnen natürlich frei, doch wenn Sie das meiste aus sich und Ihrem Unternehmen herausholen wollen, verschaffen Sie sich Klarheit. Sie werden staunen, wie viel mehr Erkenntnisse und schnellere Erfolge Sie dadurch bekommen.

1. In Deutschland konkurrieren knapp 6.000 Fitnessstudios um die Gunst der Kunden.

2. Der Fitness-Markt gilt als einer der Wachstumsmärkte und wird zudem als relativ konjunkturunabhängig erlebt.

3. Fitnessstudios müssen ein gutes Marketingkonzept entwickeln, um eine lukrative Nische zu besetzen und sich gegen zunehmende Konkurrenz auch aus den Sportvereinen durchzusetzen.

AKTIONEN

1. Notieren Sie Ihre 2 stärksten Konkurrenten.

2. Notieren Sie je 3 Punkte, in denen Sie sich von Ihren Wettbewerbern unterscheiden.

3. Schreiben Sie auf, was Sie einzigartig macht oder machen könnte.

DAS GEHEIMNIS, WIE SIE BESTEHENDE KUNDEN SO ZUFRIEDEN STELLEN, DASS SIE IMMER WIEDER UND GERNE ZU IHNEN KOMMEN

„Es ist günstiger einen bestehenden Kunden zu behalten, als einen neuen zu gewinnen."

Bevor wir das Geheimnis lüften, wie Sie bestehende Kunden so zufrieden stellen, dass Sie immer wieder und gerne zu Ihnen kommen, möchte ich noch einmal kurz zurückgehen.

Ich habe Ihnen versprochen, mit Hilfe dieses Buches zu erfahren, wie Sie Ihren Umsatz und Ihren Gewinn steigern können.

Bevor wir zu den konkreten Schritten kommen, wie Sie das erreichen, sollten wir uns erst einmal ein paar generelle Gedanken machen.

Im Prinzip gibt es nämlich nur drei Möglichkeiten, wie Sie Ihren Umsatz steigern können, zumindest aus eigener Kraft, ohne z.B. ein weiteres Geschäft zu übernehmen.

Diese drei Möglichkeiten sind:

1. Hindern Sie Ihre Kunden am Abwandern!

2. Verkaufen Sie bereits bestehenden Kunden mehr!

3. Gewinnen Sie zusätzliche Kunden!

Das war's. Das sind die drei Möglichkeiten, wie Sie Ihren Umsatz steigern können!

Beginnen wir in diesem Kapitel mit dem ersten Prinzip: HINDERN SIE IHREN KUNDEN AM ABWANDERN. Eigentlich hört es sich simpel an, doch dieser Aspekt wird oft sträflich vernachlässigt, wenn man an Umsatz**steigerung** denkt: Bestehende Kunden so zufrieden zu stellen, dass diese zu treuen Kunden werden.

Das größte Risiko für Studiobetreiber liegt nämlich in der hohen Fluktuation der Kunden.

In nachlässig geführten Studios ohne besonderes Profil springen erfahrungsgemäß 80 Prozent der Sporttreibenden nach sechs Monaten wieder ab.

Die Kunden trainieren inzwischen gesundheitsbewusster und erwarten von Lehrern und Trainern fundiertes Fachwissen (z.B. über die Auswahl der Geräte für den persönlichen Trainingsablauf oder die muskulären Effekte einzelner Übungen) sowie eine individuelle und persönliche Betreuung.

Denken Sie an den Umsatz, der Ihnen entgeht, wenn diese Kunden abwandern und zum Wettbewerber gehen. Dann erkennen Sie das ungemeine Potential, was sich hinter diesem Punkt verbirgt.

Wenn Sie die Abwanderungsrate Ihrer Kunden reduzieren, steigern Sie damit Ihren Umsatz!

Zudem kostet es viel weniger, bestehende Kunden zu behalten, als neue zu gewinnen! Der Aufwand, neue Kunden anzuwerben und zu Ihren Stammkunden zu machen ist viel größer, als der Aufwand, Ihre Kunden am Abwandern zu hindern und ans Geschäft zu binden.

Kundenbindung lautet hier also das große Stichwort. Das fängt mit einem guten und freundlichen Service an und hört bei guten, qualitativen Produkten und Dienstleistungen nicht auf.

Große Unternehmen führen ganz ausgeklügelte Kundenbindungsprogramme durch, um Kunden daran zu hindern woanders zu kaufen. Sie kennen beispielsweise die Treuepunkte von Tankstellen. Mit jeder Tankfüllung gibt es Bonuspunkte, die man hinterher in Ruck-säcke oder Grillbesteck oder sogar Fahrräder eintauschen kann.

Eines der bekanntesten Kundenbindungsprogramme ist z.B. das Meilenprogramm der Lufthansa. Auch andere Fluglinien haben mittlerweile ein eigenes Bonusprogramm und Sie können mit jeder Flugreise sogenannte Meilen sammeln, die Sie hinterher in Gratis-flüge eintauschen können.

Auch Sie können mit kleinen Maßnahmen Ihre Kunden ans Unternehmen binden. Haben Sie z.B. schon einmal nachgedacht, kleine Treue-Kärtchen zu verteilen? Wie Sie es bereits von den großen Tankstellen oder vom PayBack-Verfahren kennen: Wer einen bestimmten Umsatz macht, bekommt etwas zurück. Seien es kleine Präsente oder Gutscheine für besondere Kurse, der Kunde wird belohnt, wenn er bei Ihnen trainiert. Vielleicht ist es ein Punkte-System (Wer eine bestimmte Menge an Umsatzpunkten erreicht hat, bekommt ein kleines Präsent) oder wer 9 Kurse bei Ihnen belegt hat, bekommt den 10ten umsonst.

Kennen wir es nicht selbst? Wenn wir für eine Sache belohnt werden, tun wir es noch viel lieber. So funktioniert auch das System der Kundenbindung.

Das Geheimnis der Kundenbindung ist also Belohnung.

Belohnen Sie Ihren Kunden dafür, immer wieder zu Ihnen zu kommen. Belohnen Sie ihn mit guter Qualität, freundlichem Service und einem angemessenen Preis-Leistungs-Verhältnis. Allerdings tun dies Ihre Wettbewerber unter Umständen auch. Also lassen Sie sich zusätzlich etwas Besonderes einfallen, wie Sie Ihre treuen Kunden belohnen können.

Was sind Ihre Ideen? Überlegen Sie sich einige Aktionen, mit denen Sie Ihre treuen Kunden belohnen können!

Und dann lesen Sie weiter.

1. Es gibt nur drei Möglichkeiten, um Umsatz aus eigener Kraft zu vergrößern: Die Reduzierung der Abwanderungsrate, den Verkauf von zusätzlichen Produkten bei bestehenden Kunden und durch die Gewinnung neuer Kunden.

2. Man verhindert Abwanderung, indem man Kunden an das Geschäft bindet.

3. Das Prinzip hinter der Kundenbindung ist Belohnung.

1. Notieren Sie 3 Möglichkeiten, wie Sie Ihre Kundenbindung erhöhen können.

2. Überlegen Sie sich ein Belohnungssystem für treue Kunden.

3. Machen Sie heute den ersten Schritt, dieses Belohnungssystem umzusetzen.

WIE SIE IHREN BESTEHENDEN KUNDEN WEITERE DIENSTLEISTUNGEN UND PRODUKTE VERKAUFEN UND DAMIT BEI GLEICHER KUNDENANZAHL MEHR UMSATZ MACHEN

Eine weitere Möglichkeit, Ihren Umsatz zu steigern, ist die, Ihren bestehenden Kunden mehr zu verkaufen.

Wir alle kennen es vom Autokauf, wo uns mit dem neuen Auto auch gleich noch die Winterreifen angeboten werden. Oder ich erinnere mich an zahlreiche Friseurbesuche, bei denen ich neben dem Haarschnitt auch noch diese ganz spezielle Haarpflege angepriesen bekommen habe. Zwar teuer, „aber man braucht nur ganz wenig!" Auch kennen Sie es vermutlich von Ihrem Versicherungsvertreter, bei dem Sie eine Haftpflichtversicherung haben, und der Ihnen bei Gelegenheit auch noch die Lebensversicherung anbietet.

Überlegen Sie, wer sind die Kunden, die zu Ihnen kommen? Was könnten sie sonst noch benötigen, was Sie ohne großen zusätzlichen Aufwand anbieten könnten? Womit könnten Sie ein Zusatzgeschäft machen?

Vielleicht führen Sie ja bereits besondere Sportkleidung, die es in Ihrem Studio zu kaufen gibt, oder Sie zusätzliche kostenpflichtige Kurse, wie Ernährungsberatung an.

Bedenken Sie, in dem Moment, wo der Kunde Ihr Fitnessstudio betritt, haben Sie die Möglichkeit, ihm gleich mehrere Wünsche auf einmal zu erfüllen. Das ist doch toll!

Welche Wünsche könnte Ihr Kunde haben? Was ist spezifisch an Ihrem Kundenkreis?

Wenn Sie sich darüber Gedanken machen, fallen Ihnen bestimmt einige Dinge ein.

Wenn Sie weitere Produkte oder Dienstleistungen ohne großen zusätzlichen Aufwand in Ihrem Fitnessstudio anbieten können, probieren Sie es doch einfach aus und testen Sie die Reaktion der Kunden. Beobachten Sie, was funktioniert oder was vielleicht nicht so gut ankommt. So können Sie testen, was Ihre Kunden gerne haben wollen und lernen dabei auch noch eine ganze Menge über sie.

Damit machen Sie mit bestehenden Kunden nicht nur mehr Umsatz, sondern binden diese auch noch mehr an Ihr Fitnessstudio.

1. Sie können bestehenden Kunden mehr verkaufen, wenn Sie Ihr Sortiment vergrößern.

2. Der Erfolg von weiteren Produkten und Dienstleistungen sollte zunächst getestet werden, bevor größere Investitionen getätigt werden.

3. Ideen für ein Zusatzgeschäft bekommen Sie, wenn Sie sich gedanklich in Ihre Kunden versetzen.

1. Schreiben Sie 10 Möglichkeiten auf, die Ihnen in den Kopf kommen, Ihren bestehenden Kunden weitere Produkte oder Dienstleistungen anbieten zu können.

2. Beurteilen Sie alle Möglichkeiten nach der Schnelligkeit der Umsetzbarkeit und dem Kosten-Nutzen-Verhältnis.

3. Beginnen Sie mit der Möglichkeit, die am einfachsten und vielversprechendsten ist.

WIE SIE NEUE KUNDEN GEWINNEN, DIE NOCH NIE BEI IHNEN TRAINIERT HABEN ODER VORHER NICHTS VON IHNEN WUSSTEN

Der dritte große Pfeiler der Umsatzsteigerung ist die Akquise von neuen Kunden, die Ihnen zusätzlichen Umsatz verschaffen.

Doch wie kommen Sie an diese Kunden heran?

Nun, das ist das Thema, dass die meisten großen Unternehmen beschäftigt. Für Werbemaßnahmen, die das Ziel haben, neue Kunden zu gewinnen werden oft Millionen ausgegeben: Anzeigen in der Zeitung, Werbung im Fernsehen und Radio – keine Kosten und Mühen werden gescheut, um neue Kunden anzulocken oder neue Produkte zu bewerben.

Nun ist das Budget eines lokalen Fitnessstudios in der Regel beschränkt. Wie könnten also Kunden, die vorher noch nichts bei Ihnen gekauft haben oder die vielleicht gar nicht wissen, dass es Sie gibt, zu Ihnen ins Fitnessstudio kommen?

Bestimmt fallen Ihnen auf Anhieb einige Möglichkeiten ein. Welche davon wirklich etwas bringen, und welche reine Geldverschwendung sind, werden Sie nun in den einzelnen Schritten kennenlernen. An dieser Stelle geht es mir zunächst einmal nur um das Verständnis, an welchen Hebeln Sie ansetzen müssen, um Ihren Umsatz zu steigern!

Nun aber können Sie loslegen und durchstarten. Lesen Sie weiter.

1. Die dritte Möglichkeit des Wachstums ist die Akquise von Neukunden.

2. Die Akquise sollte mit Instrumenten durchgeführt werden, die einen hohen Erfolg bei geringem Geldeinsatz versprechen.

1. Notieren Sie 3 weitere Zielgruppen, die Sie als Neukunden gewinnen könnten.

2. Überprüfen Sie Ihre bisherigen Werbemaßnahmen auf das Kosten-Nutzen-Verhältnis.

SCHRITT 1: SO STELLEN SIE IHRE STRATEGIE FÜR UNSCHLAGBAREN ERFOLG AUF

„If you can dream it, you can do it. (Wenn du es dir vorstellen kannst,
kannst du es auch machen.)"
Walt Disney (1901-66), amerik. Zeichner u. Unternehmer

Sie haben bereits etwas geschafft, was viele andere noch nicht erreicht haben: Sie sind Ihr eigener Chef! Oder Sie sind als Gründer auf dem Weg, Ihr eigener Chef zu werden.

Sie haben also den Schritt in die Selbstständigkeit gewagt. Damit haben Sie viel Verantwortung übernommen, aber auch die Möglichkeit, die Dinge selbst in die Hand zu nehmen und Großes zu erreichen.

Wenn Sie anfangen durchzustarten, sollten Sie wissen, in welche Richtung Sie gehen. Der Ausgangspunkt für alle Überlegungen ist die Strategie, gewissermaßen ein Marschplan für die Erreichung Ihres Zieles.

Sie hatten bereits eine Strategie, bewusst oder unbewusst, um dahin zu kommen, wo Sie jetzt sind. Sie haben sich überlegt, wohin Sie möchten, welche Ressourcen Sie haben, um dorthin zu gelangen, und in welcher Reihenfolge und in welchem Zeitrahmen Sie diese Mittel einsetzen.

Und genau so funktioniert eine Strategie. Strategie ist ein durchdachter Aktionsplan.

Auf Marketing bezogen, bedeutet Strategie, dass Sie eine bestimmte Zielgruppe von Kunden identifizieren, die Sie besser als jeder andere bedienen können, und sich Wege überlegen, wie Sie diese Zielgruppe erreichen.

Als ich bei einer großen Beratungsgesellschaft in Sydney arbeitete, war dort eines meiner Projekte, eine Marketingstrategie für das australische Landwirtschaftsministerium zu entwickeln. Zu der Zeit entwickelte sich ein Boom unter gestressten Großstädtern, als Hobby Landwirtschaft zu betreiben. Alleine oder im Team mit anderen kauften Geschäftsleute Teile von Äckern, die sie selbst bewirtschafteten.

Das Landwirtschaftsministerium wollte nun Kurse für diese Hobby-Landwirte anbieten, in denen sie diese in die Grundzüge der Landwirtschaft einwies und über die verschiedenen Aspekte informierte, die zu beachten waren. Meine Aufgabe war es, eine Marketing-Strategie für diese Kurse zu entwickeln. Dafür betrieb ich Marktforschung über die Zielgruppe und entwickelte Pläne, wie diese zu der Teilnahme an den Kursen bewegt werden könnten.

Um Ihren Gewinn zu steigern und um Ihr Fitnessstudio auf die nächst höhere Ebene zu bringen (der Sinn dieses Buches!), brauchen Sie ebenfalls eine gute Strategie.

Lehnen Sie sich mal ein wenig zurück und stellen sich folgende Fragen: In welche Richtung möchte ich mit meinem Geschäft gehen? Und wie möchte ich mich persönlich entwickeln?

Denken Sie dabei einfach mal ein wenig globaler. Was wollen Sie in Ihrem Leben erreichen? Wo sehen Sie sich in einem Jahr, in 5 Jahren, in 10 Jahren?

Bedenken Sie, dass Sie dabei verschiedene Lebensbereiche haben, in denen Sie vielleicht parallel wachsen möchten: In Ihrer Beziehung, Ihrer Familie, in Ihrem Hobby, Ihren Finanzen usw. All diese Lebensbereiche sind wichtig und eine gute Strategie sollte sie alle einschließen.

Was sind die UNTERSCHIEDLICHEN LEBENSBEREICHE, die Sie betreffen? Was ist Ihnen wichtig: Geld, Familie, Gesundheit, Freizeit, finanzielle Unabhängigkeit?

Und wie kann Ihr Unternehmen Ihnen dabei helfen, all diese Dinge zu erreichen?

Ausgehend von Ihrer „persönlichen Lebensstrategie" sollten Sie Ihren Plan für Ihr Unternehmen und das Vermarkten Ihrer Trainings zurechtlegen.

Was möchten Sie vermarkten? Mit welchen Produkten und Dienstleistungen können Sie sich identifizieren? Mit welchen Kunden möchten Sie zu tun haben? Wo möchten Sie tätig werden? Wie soll Ihr Fitnessstudio aussehen? (In der Regel ist dies schon vorgegeben, aber wenn Sie träumen dürften, was würde sich ändern?)

Wieviel Geld wollen Sie verdienen? Und bis wann?

Fragen über Fragen. Doch versuchen Sie sich darüber klar zu werden und Antworten zu finden. Setzen Sie sich Ziele und begeben Sie sich auf den Weg, diese zu erreichen.

Ein schlauer Kopf sagte einmal, es geht nicht allein darum, die Ziele zu erreichen, sondern der Mensch zu werden, der diese Ziele erreicht.

Der Ausgangspunkt für jede Geschäftsstrategie ist die Überlegung, welche ganz SPEZIELLE BOTSCHAFT Sie ausstrahlen wollen. Wie wollen Sie wirken? Welche Eigenschaften sollen Kunden mit Ihnen und Ihrem Fitnessstudio assoziieren?

Wenn Sie diese Frage beantwortet haben, beginnen Sie mit dem Rahmen für Ihre Strategie und setzen sich KONKRETE ZIELE für die einzelnen Bereiche Ihres Lebens, die für Sie wichtig sind und Ziele für Ihr Fitnessstudio.

Machen Sie sich einen PLAN, was Sie bis wann erreicht haben möchten, in jedem Ihrer verschiedenen Lebens- und Geschäftsbereiche. Notieren Sie diese Ziele und hängen sie gut sichtbar irgendwo auf, damit Sie immer wieder daran erinnert werden. Das ist Ihre Strategietafel, auf die wir am Ende des Buches wieder zu sprechen kommen.

Mein allerwichtigstes Ziel habe ich darüber hinaus auf eine Karteikarte geschrieben und in mein Portemonnaie gesteckt. Jedes Mal, wenn ich es öffne, und das sind einige Male am Tag, lese ich unweigerlich dieses Ziel und werde daran erinnert, dass es noch etwas zu tun gibt, um es zu erreichen!

Machen Sie sich im Moment noch keine Gedanken, wenn Sie noch nicht wissen, wie Sie diese Ziele erreichen sollen. Beim Lesen dieses Buches sollten Ihnen die passenden Antworten kommen, zumindest auf die Frage, wie Sie Ihre geschäftlichen Ziele erreichen werden.

Lassen Sie dafür auf Ihrer Strategietafel etwas Platz für die Marketing-Strategie. Mit dieser legen Sie ganz konkrete Maßnahmen fest, wie Sie vorgehen werden, um Ihre Umsatzziele zu erreichen. Diese Maßnahmen werden wir in den einzelnen Schritten des Buches konkretisieren.

Also, nur Mut, wenn Sie Ihre Ziele festlegen! Sie können Großes erreichen, wenn Sie genug Phantasie haben, es sich vorzustellen und genügend Verlangen haben, es erreichen zu wollen! Überlegen Sie, warum es für Sie wichtig ist, genau diese Ziele zu erreichen. Nur ein „Warum", was stark genug ist, gibt Ihnen die nötige Motivation all Ihre Ziele zu verfolgen.

Um die Umsetzung kümmern wir uns in den einzelnen Schritten, die ausführlich im Buch beschrieben sind.

Doch nun legen Sie den Grundstein!

1. Alles, was Sie sich vorstellen können, ist möglich!

2. Um sicheren Erfolg zu erlangen, müssen Sie einen Marschplan, eine Strategie, festlegen.

3. Die beste Strategie umfasst alle wichtigen Lebensbereiche, wie Partnerschaft, Familie oder Hobbies und nicht nur das Geschäft.

4. Ihre ganz spezielle Botschaft, die Sie mit Ihrem Fitnessstudio ausstrahlen wollen, ist der Ausgang jeder Geschäftsstrategie.

5. Die Ziele werden nachgewiesenermaßen umso schneller erreicht, je öfter Sie sich an sie erinnern.

1. Machen Sie eine Liste von verschiedenen Lebensbereichen, die Ihnen wichtig sind und in denen Sie sich verbessern wollen (z.B. Familie, Hobby, Finanzen, Gesundheit, Geschäft).

2. Schreiben Sie für alle Bereiche Ihre Ziele für ein, drei und fünf Jahre auf.

3. Notieren Sie, wie Ihr Unternehmen sich dabei entwickeln muss, damit alle diese Ziele in Balance stehen.

4. Schreiben Sie Ihre einzigartige Unternehmensbotschaft auf: An was sollen Ihre Kunden denken, wenn Sie an Ihr Unternehmen denken?

5. Legen Sie spezielle Umsatz- bzw. Marketing-Ziele für die nächsten 12 Monate fest.

SCHRITT 2: SO FINDEN SIE HERAUS, WAS IH-RE KUNDEN WIRKLICH WOLLEN

„Wenn ich Hundefutter verkaufen will, muss ich erst einmal die Rolle des Hundes übernehmen; denn nur der Hund allein weiß ganz genau, was Hunde wollen."
Ernest Dichter (1907-91), amerik. Sozialforscher

Als ich angefangen habe, dieses Buch zu schreiben, habe ich Verwandte und Freunde, die mit einem kleinen Unternehmen selbstständig sind, angerufen und befragt. Ich wollte wissen: „Was ist für Dich wichtig, wenn Du an die Vermarktung Deines Fitnessstudioss oder Deiner Produkte denkst?", „Worüber würdest Du mehr erfahren wollen?", „Womit hast Du ein Problem und wofür wünscht Du Dir eine Lösung?", „Was müsstest Du wissen, um wirklich einen Vorsprung gegenüber Deinen Konkurrenten zu haben?"

Aus den Antworten auf diese Fragen sind wesentliche Teile dieses Buches entstanden. Weitere Teile sind durch Recherchen im Internet, in Branchenreports und in Fachzeitschriften entstanden. Und natürlich weitere aus meiner eigenen Erfahrung als Beraterin und in der Zusammenarbeit mit Kunden.

Es klingt banal, aber es ist der erste Schritt, herauszufinden, was Ihre Kunden wirklich wollen: Fragen Sie sie einfach! Fragen Sie Ihre Kunden, was sie wirklich möchten, was sie sich noch wünschen würden, welcher zusätzliche Service ihnen gefallen würde.

Sie glauben nicht, wie viele neue Produkt- oder Service-Ideen Sie dadurch bekommen. Dinge, auf die Sie im stillen Kämmerlein alleine nie gekommen wären.

Und vor allem können Sie so sichergehen, dass Ihr Training oder Ihre Dienstleistung wirklich gewollt ist und einen echten Mehrwert schafft für die Person, die es kauft. Nur so bekommen Sie zufriedene Kunden und vor allem Kunden, die Sie weiterempfehlen und immer wieder zu Ihnen kommen.

Das ist der erste Weg, um INFORMATIONEN ÜBER IHRE KUNDEN zu bekommen. Eine weitere Quelle sind Branchenreports oder Informationen über Trends, die sich in der gesamten Branche abzeichnen.

Hier können Sie das Internet nutzen, um auf dem neusten Stand zu bleiben oder auch eine Vielzahl von Fachzeitschriften.

Fachmessen eignen sich ebenso hervorragend dazu, um zu sehen, was Ihre Konkurrenten machen, welche Neuerungen für Ihre Branche angeboten werden oder welche Trends sich entwickeln.

Was wir damit noch nicht wissen ist, was in Ihrem Kunden wirklich vorgeht, warum er bestimmte Produkte kauft und andere nicht.

Lange galt dieser INNERE ENTSCHEIDUNGSPROZESS DES KUNDEN im Marketing als „Black Box". Man wusste, dass es verschiedene Aspekte gibt, die das Verhalten des Käufers beeinflussen: In erster Linie natürlich die eigentlichen Produkteigenschaften, sein Preis, die Werbung. Weiterhin tragen äußere Umstände und spezifische Eigenschaften des Kunden zu dem Kaufprozess bei, wie z.B. der kulturelle Kreis und die Schicht, der er angehört, aber auch persönliche Vorlieben usw.

Diese „Black Box" ist noch immer nicht ganz entschlüsselt. Auch wenn die Verhaltensforschung und Neurowissenschaft immer mehr Licht ins Dunkel bringt, können wir immer noch nicht mit Bestimmtheit sagen, was einen bestimmten Menschen wann zum Kauf eines bestimmten Produktes bewegt.

Allerdings kennen wir mittlerweile bestimmte Grundbedürfnisse, die jeder Mensch zu haben scheint. Auch wenn die Bedürfnisse oft widersprüchlich sind, steuern sie doch einen großen Teil unseres Handels, eben auch den Kauf bestimmter Produkte.

Eines dieser Bedürfnisse ist z.B. SICHERHEIT. Wir alle wollen Sicherheit, dass wir satt werden und etwas zum Anziehen haben, die Sicherheit, dass der neue Computer funktioniert oder die Sicherheit, dass wir genügend Geld verdienen. Das Sicherheitsbedürfnis ist auch der Grund, weshalb wir alle Rituale so lieben.

Sehr viele erfolgreiche Produkte, haben sich diese Erkenntnis zu Nutze gemacht. So erklärt sich z.B. die weltweite Beliebtheit von Tequilla. Eben nicht, weil das Getränk so köstlich ist, sondern weil es mit einem Ritual in Verbindung mit Salz und Zitrone getrunken wird.

Gleichzeitig hat der Mensch das Bedürfnis nach ABWECHSLUNG ODER NEUEN ENTDECKUNGEN. Ebenso wie ein Kind die Welt entdeckt, um sich zu entwickeln, benötigt der Mensch stets neue Impulse und Abwechslung, damit es ihm nicht langweilig wird und er sich weiterentwickeln kann.

Weitere Grundbedürfnisse sind SOZIALE BEDÜRFNISSE, wie z.B. das Bedürfnis geliebt zu werden oder uns zugehörig zu fühlen. Besonders stark ist auch das Bedürfnis, etwas Besonderes zu sein und bewundert zu werden.

Je mehr von diesen Grundbedürfnissen durch Ihr Training oder Ihre Dienstleistung abgedeckt werden, desto größer ist die Wahrscheinlichkeit, dass der Kunde bei Ihnen kauft.

Vielleicht haben Sie selbst eine Idee für ein Produkt oder eine Dienstleistung, auf die noch niemand (zumindest nicht in Ihrer Gegend) gekommen ist.

Haben Sie den Mut, diese Idee auszuprobieren und zu testen. Doch bevor Sie dies im großen Stile umsetzen und investieren: Beobachten und fragen Sie Ihre Kunden, wie diese Idee ankommt!

Erst, wenn Sie sicher sind, dass Sie mit Ihrer Idee auch Geld verdienen können, sollten Sie wirklich in ein neues Konzept oder eine neue Dienstleistung investieren.

Lesen Sie im nächsten Kapitel, auf welche Kunden Sie sich stürzen sollten.

1. Die Bedürfnisse der Kunden sind die Voraussetzung für alle weiteren Marketingüberlegungen.

2. Entscheidende Marktinformationen erhalten Sie von den Kunden selbst oder aus Branchenreports oder anderen Veröffentlichungen.

3. Eigene Ideen könnten neue Trends setzen.

4. Neue Produkte oder Dienstleistungen sollten anfangs immer erst getestet werden, um zu sehen, ob Kunden es nachfragen und um Fehlinvestitionen zu vermeiden.

1. Fragen Sie Ihre Kunden, was ihnen gefällt oder was sie sich wünschen würden.

2. Gewöhnen Sie sich an, ein bestimmtes Magazin Ihrer Branche regelmäßig zu kaufen und zu lesen.

3. Nehmen Sie aktiv in Internetforen teil, um zu erfahren, was in Ihrer Branche passiert.

4. Setzen Sie eine eigene Idee um und probieren etwas Neues aus. (Vielleicht entwickelt sich daraus ein Trend!)

SCHRITT 3: SO IDENTIFIZIEREN SIE WIRK-LICH PROFITABLE KUNDEN

„Erfolgsregel: Ich jage nie zwei Hasen auf einmal."
Otto von Bismarck (1815-98), Gründer des Deutschen Reiches und dessen erster Kanzler

Jetzt werden Sie vielleicht denken: „Was soll das denn? – Ich brauche jeden Kunden, den ich kriegen kann."

Nun, dazu gibt es zwei Dinge zu sagen. Erstens: Nicht jeder Kunde ist gleich gut. Denken Sie darüber nach. Gibt es nicht vielleicht wirklich den einen oder anderen Kunden, den Sie lieber von hinten als von vorne sehen würden? Vielleicht, weil er mit seinen ständigen Sonderwünschen mehr Arbeit verursacht als Gewinn. Oder weil er einfach nicht zufriedenzustellen ist und seine Unzufriedenheit offen kundtut. Wir alle kennen diese Personen, die an allem und jedem etwas rumzunörgeln haben, an nichts ein gutes Haar lassen.

Auch wenn Sie schon Magengrimmen bekommen, wenn diese Person Ihr Fitnessstudio betritt, reißen Sie sich wahrscheinlich zusammen, machen gute Miene zum bösen Spiel und bedienen auch diese Person jedes Mal wieder so freundlich und gut Sie es können und sagen sich: „Der Kunde ist König."

Doch eben nicht jeder Kunde ist König. Manche Leute sind in höchstem Maße geschäftsschädigend. Sei es, weil sie eben mehr Arbeit als Gewinn verursachen oder Ihr Fitnessstudio in einen schlechten Ruf bringen.

Damit will ich nicht sagen, dass Sie diese Person nicht mehr bedienen sollen (auch wenn Ihnen vermutlich oft der Sinn danach stünde).

Aber was ich wirklich damit meine, ist Folgendes: Überlegen Sie, welche Kunden für Sie wichtig sind. Da der Tag nur 24 Stunden hat und der Mensch nur 2 Hände und Beine, sollten Sie sich genau darüber im Klaren sein, für welche Art von Kunden Sie sich ein Bein ausreißen.

Beispielsweise war ich vor einigen Jahren an einem Projekt für einen Großhändler beteiligt. Dieses Unternehmen gab enorme Summen für Kundenbindungsprogramme aus und wollte wissen, bei welchen seiner Kunden dieses Geld wirklich gut angelegt war.

Die Ergebnisse waren erstaunlich: So waren es eben nicht die langjährigen Kunden mit dem größten Umsatz, die auch für den größten Anteil am Unternehmensgewinn verantwortlich waren. Im Gegenteil: Manche dieser Kunden „drückten" sogar so sehr auf die Preise, dass das Unternehmen mit diesen Kunden teilweise sogar Verluste machte. Dieser Umstand war bisher nicht aufgefallen, da die Kunden für einen enormen Umsatz bei dem Großhändler sorgten und man sie damit einfach für die besten Kunden hielt. Niemand hatte sich zuvor die Mühe gemacht, die Kosten, die diese Kunden mit Ihren Sonderwünschen, Rabatten etc. verursachten, ins Verhältnis zum erzielten Umsatz zu setzen. Weitere Studien bei anderen Unternehmen kamen zu ähnlichen Ergebnissen.

Dieses Modell zur Untersuchung von KUNDENPROFITABILITÄT war zu der Zeit, als Kundenbindung in aller Munde war, so bahnbrechend, dass darüber sogar in der Zeitschrift „Absatzwirtschaft" berichtet wurde, eine der größten Fachmagazine in Deutschland für den Vertriebsbereich.

Es gibt einfach bestimmte Kunden oder Kundengruppen, die für Sie profitabler sind als andere! Und auf die sollten Sie Ihren Fokus und den Großteil Ihrer Aktivitäten lenken. Die profitabelste Kundengruppe ist jene, bei der unterm Strich am meisten übrig bleibt, bei der also das Verhältnis von Umsatz und Kosten für Sie am günstigsten ist.

Bildlich gesprochen: Wenn der große Markt der potentiellen Kunden einem Kuchen ähnelt, sollte man sich entscheiden, welches Stück man essen will. Denn vom ganzen Kuchen bekommt man in der Regel Bauchweh.

Welche Kriterien gibt es noch, um den großen Kuchen (sprich: Die Gesamtheit aller möglichen Kunden) aufzuteilen? Und welches Kuchenstück oder welche Zielgruppe ist dann für Sie am interessantesten?

Das Wissen über den Kunden ist Voraussetzung, um zielgerichtet und effektiv zu planen. Dazu gehören Alters- und Geschlechtsstruktur, Besuchshäufigkeit, Kaufkraft und Motivation für den Studiobesuch. Bedeutung kommt in diesem Zusammenhang ebenfalls demographischen Untersuchungen eines definierten Einzugsgebietes zu. Nach den Ergebnissen solcher Analysen richten sich Angebotsstruktur, Öffnungszeiten, Qualifikationsmaßnahmen des Personals, externe und interne Werbeaktionen.

WOHNORT: Woher kommen meine Kunden und wo wohnen sie?

ALTER UND GESCHLECHT: Auch dies können Merkmale sein, nach denen Sie Ihren Kuchen aufteilen. Sind es vorwiegend junge Erwachsene, Kinder oder Rentner, die für Sie interessant sein könnten? Eher Männer oder Frauen?

Zielgruppe Kinder: Kinder haben zu wenig Bewegung, werden zu dick. Dagegen setzen Kinder-Fitnesscenter und geben den Kindern den nötigen Raum für Bewegung, zum Springen und Toben (Einrichtung: Halle mit dicken Matten, Kletterlandschaft mit z.B. einer mehrere Meter langen Steilwandrutsche, einem langen, schlangenförmigen Tunnel usw.). Selbstverständlich müssen diese Studios einen hohen Sicherheitsstandard gewährleisten. Zusätzlich: Gymnastikcenter, wo zu festgelegten Übungsstunden unter fachlicher Anleitung Kinderspiel-, Turn-, oder Gymnastikkurse stattfinden.

Der Seniorenmarkt ist ein Marktsegment der Zukunft. Branchenexperten empfehlen, auch das Kundenpotential unter der bislang tendenziell vernachlässigten älteren Bevölkerung voll auszuschöpfen und ein sinnvolles Angebot für diese Zielgruppe bereitzustellen. Eine relativ neue Idee dazu: den Körper fordern - den Geist entspannen, mit klassischer Musik statt des üblichen Hip Hop oder Rock. Der Ablauf der Bewegungen ist bei diesem Konzept langsamer, konzentrierter - gut für ältere Kunden und beruflich angespannte Feierabendsportler.

GRUPPE ODER SCHICHT: Welchen sozialen Schichten können Ihre Kundengruppen zugeordnet werden?

MOTIVATION: Aus welchem Grunde trainieren Ihre Kunden bei Ihnen? Um ihren Körper zu stählen, um den Rücken zu stärken oder um Übergewicht abzubauen?

Übergewichtige Kunden: Weitere Überlegungen gibt es zu potenziellen Kunden, die echte Gewichtsprobleme haben und sich bisher nicht ins Fitness-Studio trauen. Ihnen können eigene Studios zur Verfügung stehen, in denen es keine Hemmschwelle mehr gibt; diese Nische ist noch relativ neu und daher ausbaufähig.

Sie sehen, es gibt viele unterschiedliche Möglichkeiten, den Gesamtkuchen aufzuteilen. Dies waren nur einige Beispiele dafür, nach welchen Gesichtspunkten Sie Ihre (potenziellen) Kundengruppen unterteilen können. Nicht alle mögen für Sie relevant sein oder vielleicht fallen Ihnen noch andere Kriterien ein, die für Sie wichtig sind.

Sie werden jedoch feststellen, dass jede dieser Gruppen bestimmte Merkmale oder Bedürfnisse hat, die sie von den anderen Gruppen unterscheidet.

Da Sie nicht überall zugleich sein können, sollten Sie sich überlegen, welche Gruppe oder welche Gruppen für Sie am interessantesten sind.

Mit neuen Kunden sollte ein persönliches Gespräch geführt werden. Bestandteil können eine persönliche Bedarfsanalyse und Zielfestlegung, ein persönlicher Trainingsplan, ein Fitnesstest, eine Studioführung und eine Einweisung in die vorhandene Ausstattung sein.

Sobald Sie sich entschieden haben, auf welche Zielgruppe, oder welches Kuchenstück Sie es abgesehen haben, lernen Sie in den nächsten Kapiteln, wie Sie dieses bekommen!

1. Nicht alle Kunden sind gleichermaßen profitabel.

2. Den Gesamtmarkt können Sie nach verschiedenen Kriterien, wie Wohnort, Alter oder Kaufverhalten, aufteilen.

3. Jede Kundengruppe ist durch bestimmte Merkmale charakterisiert.

4. Es macht Sinn, sich auf eine bestimmte Zielgruppe von Kunden zu spezialisieren, um genau deren Bedürfnisse anzusprechen.

1. Schreiben Sie auf, welche Kategorien von Kunden für Sie interessant sind und warum.

2. Notieren Sie 3 Merkmale, die diese Kundengruppe(n) auszeichnet.

3. Überlegen Sie, wie Sie Ihr Unternehmen, Ihre Trainings und Ihren Service noch besser gestalten könnten, um die Besonderheiten dieser Kundengruppe zu berücksichtigen.

SCHRITT 4: SO MACHEN SIE IHR TRAINING ZUM ABSOLUTEN BESTSELLER

„Man kann niemanden überholen, wenn man in seine Fußstapfen tritt."

Francois Truffaut

Nachdem Sie nun wissen, wo die Reise bei Ihnen und Ihrem Fitness-studio hingehen soll, also Ihre Strategie festgelegt ist und Sie wissen, auf welche Kundengruppe Sie sich spezialisieren wollen, sollten Sie Ihrem Angebot einige Gedanken widmen.

Bieten Sie bereits das an, was Ihre Kunden wollen? Sind es genau die Leistungen, in der Qualität, die Ihre Kundengruppe verlangt? Denken Sie daran, Sie wollen ja wachsen und nicht nur die Kunden ansprechen, die bereits Stammkunden bei Ihnen sind.

Vermutlich haben Sie selbst ein ganz gutes Gefühl, welche Produkte sich gut verkaufen und warum das so ist. Manche Unternehmer sind sich dessen allerdings nicht bewusst. Sie produzieren, was schon immer produziert wurde und verkaufen, was schon immer verkauft wurde.

Dabei ändern sich die Geschmäcker, Ihre Kunden sind täglich neuen Einflüssen ausgesetzt, durch die Globalisierung gibt es immer neue Produkte oder alte Produkte werden durch neue Trends beeinflusst. Sie sollten den Geschmack ihrer (angestrebten) Kunden genau kennen, um zu wissen, welches Sortiment Sie anbieten wollen.

Umfragen bei Ihren Kunden könnten Ihnen neue Ideen geben. Oder Sie werden bestätigt, dass das, was Sie anbieten genau richtig ist! Aber wissen können Sie es nur, wenn Sie gefragt haben. Diese Informationen haben Sie ja in der Regel schon in Schritt 2 erhalten, so dass es in diesem Schritt um die Umsetzung geht.

Überlegen Sie deshalb, welches SORTIMENT Sie anstreben.

Ob die Einrichtung auf das Premiumsegment der Wellnesscenter abgestimmt wird oder mit günstigen Preisen und Training rund um die Uhr geworben wird, ist eine Frage der Zielgruppe am Ort. Als sicher gilt: die "Mucki-Bude" ist ein Auslaufmodell – als Hauptzielgruppen der Zukunft gelten Frauen und die Generation 50+. Die Zahl der reinen Frauenstudios nimmt nach Verbandsangaben zu, schon heute ist jedes dritte Mitglied in Fitnessstudios über 45 Jahre alt.

Um ein klares Erscheinungsbild zu bieten, sollten eindeutige Kernkompetenzen definiert werden - also Angebotsschwerpunkte. In Frage kommen alle Arten von Kampfsport, Fitness, Bodybuilding, Cardio-Training, Rückentraining, Jazzdance, Gymnastik etc. in individuellem und in Gruppentraining.

Ein Zusatzangebot ist das Stellen persönlicher Fitness-Trainer. Inzwischen lassen sich nicht nur Prominente oder Manager in Zeitnot gern von einem persönlichen Fitness-Trainer nach einem ausgewogenen Programm zuhause zu mehr Kondition und einer besseren Figur verhelfen oder im Park richtig angeleitet zum Joggen motivieren. Für ganz normale Leute, die nicht gern ins Fitness-Studio gehen, können Sie als besonderen Service das Angebot eines ganz persönlichen Trainings außerhalb des Studios organisieren.

Beim Sortiment sollten Sie sich unbedingt überlegen, was von Ihnen erwartet wird und was Sie unter Profitabilitätsgesichtspunkten umsetzen können.

Zwar braucht man oft eine bestimmte Breite im Sortiment. Dennoch sollten Sie überlegen, welchen Anteil am Gewinn bestimmte Produkte bei Ihnen haben.

In diesem Schritt geht es daher um die kritische Durchsicht Ihres Sortimentes. Wo fehlen Produkte im Sortiment? Wo macht es Sinn, bestehende Produkte leicht abzuwandeln? Welche Produkte verursachen vielleicht mehr Kosten als Umsatz und sollten deshalb aus dem Sortiment gestrichen werden?

Überlegen Sie auch ständig an neuen Produkten oder Trends und seien Sie innovativ. Probieren Sie aus und schauen Sie, was Ihren Kunden gefällt. Vielleicht finden Sie ja das Ei des Kolumbus! Dieses eine Produkt, das Sie erfunden haben oder das es in Ihrer Umgebung nur bei Ihnen gibt!

Weiterhin spielen MARKENNAMEN eine Rolle, wenn Sie Ihre Trainings zu Bestsellern machen wollen. Denken Sie an die großen Markennamen, die sich oft an die Stelle des Produktes gesetzt haben und so Konkurrenten kaum noch eine Chance lassen. Sagen Sie z.B. „Tempo" oder „Papiertaschentücher"? Sicherlich fallen Ihnen noch etliche weitere Beispiele ein.

Bei großen Unternehmen ist der Markenname oft ein wesentlicher Teil des Unternehmenswertes, weil er einen hohen Bekanntheitsgrad besitzt und Verbraucher eine einzigartige Verbindung mit diesem Namen herstellen. Der Markenname allein bedeutet für sie eine Mischung aus Eigenschaften, die sie mit dem Produkt oder dem Unternehmen verbinden.

Zu meiner Zeit in England nahm ich bei dem Automobilhersteller Jaguar an einem Projekt zur Markenrepositionierung teil. Jaguar bereitete damals die Einführung des X-Types vor, ein Auto, das günstiger war als die bisherigen Modelle und vor allem auch jüngere Leute ansprechen sollte. Umfragen ergaben, dass bis zu diesem Zeitpunkt die Marke Jaguar als etwas verstaubte Luxusmarke wahrgenommen wurde. Um die wahrgenommene Zielgruppe zu illustrieren, wurde bei einer internen Präsentation ein älterer, übergewichtiger und glatzköpfiger Mann dargestellt, der eine dicke Zigarre im

Mund hatte. Dieser ältere Herr stellte einen typischen Jaguarkunden dar. Mit dem neuen Auto sollte jedoch eine andere Zielgruppe angesprochen werden, auch luxusliebend, aber jünger und dynamischer. Die neue Zielgruppe wurde repräsentiert durch das Bild einer jungen Frau im langen roten Kleid, die sich anscheinend ausgelassen bei einer Party amüsierte, ihren Kopf lachend nach hinten warf und eine dicke Zigarre in der Hand hielt. Mit diesem Bild im Kopf wurde die komplette Werbung von Jaguar neu ausgerichtet, um die „neue" Marke im Markt zu platzieren.

Versuchen Sie, die Eigenschaften Ihrer Trainings oder Ihres Fitnessstudios herauszuarbeiten. So können auch Sie Marken etablieren!

Dabei sind vor allem zwei Dinge wichtig: Erstens, die Eigenschaften sollten sich immer ein wenig von denen Ihrer Wettbewerber abheben. Ihre Marke oder der Name Ihres Fitnessstudioss muss für etwas Einzigartiges stehen.

Zweitens, seien Sie konsequent! Wenn Sie sich heute überlegen, das Premiumsegment Ihrer Kunden anzusprechen und in einem Jahr zu Dumpingpreisen anbieten, dann wird in den Köpfen Ihrer Kunden niemals ein einheitliches Bild Ihrer Marke entstehen. Kunden haben in dem Falle nicht die Gelegenheit, bestimmte Eigenschaften über einen längeren Zeitraum mit dem Namen Ihres Fitnessstudioss zu verbinden. Denn erst das macht eine Marke aus!

Marken geben uns Sicherheit. (Sie erinnern sich? – Eines unserer Grundbedürfnisse). Was wir einmal für gut befunden haben, möchten wir gerne in genau der gleichen Qualität wiederbekommen. Diese Sicherheit geben uns Marken.

1. Das, was Sie verkaufen, sollte auf die Bedürfnisse Ihrer (Wunsch-)Kunden zugeschnitten sein.

2. Ihr Sortiment bestimmt, wie viele unterschiedliche Produkte oder Dienstleistungen Sie anbieten, und wie viele Ausprägungen davon.

3. Marken geben dem Konsumenten Sicherheit, weil er mit einer Marke bestimmte Eigenschaften verbindet.

4. Der Erfolg von Marken zeichnet sich vor allem durch die gleichbleibende Qualität und Verbindung mit bestimmten Eigenschaften aus.

1. Überprüfen Sie kritisch Ihr Sortiment in Hinblick auf Profitabilität und Zielgruppenwünsche und überlegen Sie sich, welche Produkte gestrichen, verändert oder hinzugefügt werden können.

2. Überlegen Sie, welches Ihrer Trainings das Zeug zu einer einzigartigen „Marke" hat.

SCHRITT 5: SO FINDEN SIE DEN OPTIMALEN PREIS FÜR IHR TRAINING

„Ich mache mir immer wieder Vorwürfe, dass meine Malerei nicht wert ist, was sie kostet."

Vincent van Gogh, (1853 – 1890), niederländischer Maler

Preise sind manchmal ein sensibles Thema. Sind sie zu niedrig, machen Sie Verlust, sind sie zu hoch, bleiben unter Umständen die Kunden aus. Was van Gogh zu Lebzeiten nicht geschafft hat, sollten Sie besser machen, wenn Sie Ihre Lorbeeren noch im irdischen Dasein ernten wollen. Bei der Kalkulation der Preise sollten Sie also immer zwei Dinge beachten: Die Kosten, die Sie haben und die Strategie, die Sie mit Ihren Preisen verfolgen, also der Wert, der für Ihre Dienstleistung empfunden werden soll.

Die Kosten Ihrer Dienstleistung bilden in der Regel immer die absolute PREISUNTERGRENZE. Das heißt, Sie müssen zunächst wissen, welche Kosten Sie im Zusammenhang mit einem ganz bestimmten Training haben. Neben den Material- und Personalkosten sollten sämtliche Betriebskosten, wie die Raummiete oder die Heizkosten, Versicherungen usw. abgedeckt sein.

Bei einem kleinen Unternehmen, das in der Metallindustrie tätig ist, habe ich mir einmal die Kalkulation der Preise angesehen. Dieses Unternehmen war der Meinung, „gute" Preise für seine Produkte zu erzielen, wunderte sich aber, dass am Ende des Monats doch nicht so viel übrig blieb, wie erhofft. Den Fehler, den dieses Unternehmen machte war, dass es die viele Gemeinkosten, wie z.B. Versicherungen, Steuerberatungskosten, Autoleasingraten, aber auch Jahresendrabatte und Skonti nicht entsprechend bei der Kalkulation seiner Produktpreise berücksichtigte.

Wie Sie sehen, ist es jedoch absolut notwendig, dass Sie alle Ihre Kosten kennen, um haltbare Preise zu machen und letztendlich Ihren Gewinn steigern können! Wenn Sie sich selbst nicht damit auseinandersetzen wollen, hilft Ihnen sicherlich Ihr Buchhalter oder Steuerberater bei der Kostenaufstellung.

Versuchen Sie die Kosten, soweit es geht, auf das einzelne Training umzuschlagen. Je besser Sie das können, desto präziser können Sie kalkulieren und auch Ihre Kosten steuern! In den Fällen, wo Sie nicht genau wissen, wie Sie z.B. die „Versicherungskosten pro Stepper" errechnen sollen, arbeiten Sie mit Zuschlägen.

Wenn Sie nun wissen, wieviel Sie an einer bestimmten Dienstleistung verdienen müssen, damit Sie keinen Verlust machen, haben Sie die absolute Preisuntergrenze.

Dabei gibt es einige Faustregeln in Zusammenhang mit den Kosten:

- Je häufiger Sie eine bestimmte Dienstleistung anbieten, desto geringer fallen im Verhältnis die Kosten pro Einsatz aus. Zunächst einmal verteilen sich Fixkosten, wie z.B. Versicherungen, auf eine größere Anzahl von Einsätzen. Dann werden variable Kosten, also z.B. die Materialien, mit größerer Anzahl auch geringer, da Sie beispielsweise bei Großbestellungen bessere Preise erzielen.

- Es gibt einen Lerneffekt: Je länger Sie eine Dienstleistung schon anbieten, desto günstiger wird sie hinterher. Gerade am Anfang sind die Kosten noch höher, da Sie vielleicht noch Erfahrungen sammeln müssen, noch nicht viele alternative Einkaufsmöglichkeiten der Materialien haben usw.

Damit Sie auch Gewinn machen, müssen Sie nun einen entsprechenden Aufschlag auf die Kosten vornehmen und so Ihren VERKAUFSPREIS ermitteln.

Wie hoch dieser Aufschlag sein sollte, richtet sich nach mehreren Dingen. Ein Aspekt ist der, dass der Preis, wie alles andere auch, ins Konzept passen muss. Wenn Sie das Premiumsegment ansprechen und einen hervorragenden Service gewährleisten, rechtfertigen Sie höhere Preise. Denn der Wert Ihrer Dienstleistungen wird auch entsprechend im Markt wahrgenommen werden. In diesem Falle wissen Ihre Kunden Ihre ausgezeichnete Qualität und Ihren Service zu schätzen und ihnen ist es vermutlich egal, ob sie ein paar Cent mehr oder weniger für Ihre Dienstleistungen bezahlen. Qualität hat eben ihren Preis.

Wenn Sie sich vom Angebot und von der Qualität des Fitnessstudios nebenan nicht wesentlich unterscheiden, könnte der Preis das ausschlaggebende Kriterium sein, das die Kunden entweder zu Ihnen oder zu Ihrem Konkurrenten bringt. Doch Vorsicht: Lassen Sie sich nicht in die Versuchung eines Preiskampfes führen. Wenn Sie Ihre Preisuntergrenze unterschreiten, machen Sie Verlust! Das ist der Anfang vom Ende, auch wenn Sie Ihrem Konkurrenten alle Kunden „abgeluchst" haben.

Natürlich gibt es auch unter großen Unternehmen Preisschlachten, die einzig und allein das Ziel haben, dem Konkurrenten das Wasser abzugraben und ihn stillzulegen. Doch diese Unternehmen verfügen in der Regel über Kapitalreserven, damit Sie sich das leisten können und nicht selten gehen auch bei solchen Unternehmen Aktionen dieser Art daneben.

Preise können auch Teil einer bestimmten AKTION sein. Vielleicht haben Sie Einführungspreise für neue Trainingskurse, damit Kunden diese ausprobieren.

Wenn Sie diesen wichtigen Schritt erledigt haben, lesen Sie weiter im nächsten Kapitel.

1. Bei der Preiskalkulation sind Kosten und der von den Kunden empfundene Wert entscheidende Größen.

2. Je häufiger die angebotenen Dienstleistungen, desto geringer sind im Verhältnis die Kosten pro Einheit.

3. Je länger ein Kurs angeboten wird, desto geringer werden die Kosten.

4. Die Preise müssen in Ihr Gesamtkonzept passen und einzig bei Aktionen sollte davon abgewichen werden.

1. Erstellen Sie eine Übersicht Ihrer Kosten.

2. Schlagen Sie diese Kosten, so gut wie es geht, auf die einzelnen Kurse um, d.h. errechnen Sie, welchen Anteil ein bestimmtes Training an diesen Kosten hat.

3. Überlegen Sie, welcher Gewinnaufschlag für welche Kurse in Ihre Gesamtstrategie passt.

SCHRITT 6: SO WÄHLEN SIE DEN BESTEN AB-SATZKANAL

„Es genügt nicht, zum Fluss zu kommen mit dem Wunsch, Fische zu fangen. Du musst auch das Netz mitbringen."
Aus China

Als Absatzkanal versteht man jenen Weg, auf dem die betrieblichen Leistungen (Waren, Dienstleistungen) vom Produzenten zum Konsumenten gelangen.

Als Fitnessstudio haben Sie vermutlich eigene Räume, in denen Sie Ihre Kurse und Trainingsmöglichkeiten anbieten. Vielleicht werden Sie aber auch von Firmen für spezielle Trainings engagiert. Es könnte auch sein, dass Sie Ihre Fitnesskurse auf DVD aufnehmen und über das Internet anbieten.

Auch in diesem Schritt sind Ihre Möglichkeiten wieder schier unendlich. Wichtig ist nur, dass Sie profitabel sind, also mit Ihrer ABSATZMETHODE den größtmöglichen Gewinn machen, sich von Ihren Wettbewerbern abheben und dass Sie ein einheitliches Bild abgeben.

Die Wahl verschiedener Absatzkanäle erhöht auch immer Ihre Chancen, den Umsatz zu steigern.

Folgende Überlegungen sollten Sie bei der Wahl Ihrer Absatzkanäle anstellen:

Erstens: Was passt zum Konzept Ihres Unternehmens, Ihrer Marke, Ihrer Strategie? Was erwartet Ihre Zielgruppe von Ihnen? Womit können Sie ein zusätzliches Geschäft machen?

Zweitens: Was ist profitabel? Wie halten sich Kosten und Nutzen die Waage?

Und drittens: Wie können Sie sich über Ihren Absatzkanal von Ihren Wettbewerbern abheben?

Ein weiterer Punkt, den Sie in diesem Schritt beachten sollten, ist die STANDORTWAHL. Gerade, wenn Sie über eigene Räume verfügen und dies Ihr einziger Absatzkanal ist, sollten Sie sich darüber Gedanken machen, wo Sie Ihr Fitnessstudio haben.

Erreichen Sie viele Kunden und vor allem jene, die Sie als Kunden haben wollen? - Prüfen Sie Größe und Reichweite des Einzugsgebietes Ihres Geschäfts. Das hängt auch von Ihrer Spezialisierung und Exklusivität Ihres Angebotes ab.

Wie hoch ist die Kaufkraft im Einzugsgebiet und welche Umsätze können Sie erzielen?

Standort im Schnitt kommen 6,9 Fitnessanlagen auf 100.000 Einwohner. Die Dichte der Studios ist allerdings regional unterschiedlich verteilt. Beträgt der Wert in Hamburg und Bremen 8,1 bzw. 8 Anlagen pro 100.000 Einwohner, sind es in Sachsen-Anhalt gerade 4,5.

Der Standort ist für Fitness-Studios schon fast eine Überlebensfrage. Der DSSV gibt als Richtwert an, dass die Einwohnerzahl im geplanten Einzugsgebiet mindestens 15.000 betragen sollte. Hierbei ist jedoch eine individuelle Analyse der Situation notwendig. Viele Spitzenlagen sind bereits besetzt und darüber hinaus - auch wegen des großen Flächenbedarfs der Studios - teuer.

Sie sollten auch überlegen, welche Anzahl, Größe, Entfernung und Attraktivität vergleichbare Fitnessstudios in Ihrer Umgebung haben. Je mehr Konkurrenten ein ähnliches Angebot führen, desto geringer fällt der Umsatzanteil für einen weiteren aus.

Ein weiterer Punkt ist die Qualität Ihres Standortes hinsichtlich Laufstraßenlage, Verkehrsverbindungen und Parkplätzen, auch im Vergleich zur Konkurrenz - umliegende Studios anderer Branchen, die evtl. eine "Magnetwirkung" auch für Ihre potentiellen Kunden haben könnten.

Fitnessstudios in Premiumlagen, wie Einkaufs- oder Fußgängerzonen haben vielleicht höhere Ladenmieten, aber dafür auch eine Vielzahl von Kunden, die an Ihrem Studio vorbeigehen.

1. Die Wahl der Absatzmethode sollte von der Aussicht auf den größten Erfolg bestimmt sein.

2. Je mehr Absatzkanäle Sie nutzen, desto größer werden Ihre Verkaufschancen.

3. Die Wahl des Standortes ist ein wesentlicher Erfolgsfaktor.

1. Überlegen Sie, mit welchem Absatzkanal Sie ein zusätzliches, gutes Geschäft machen können.

2. Machen Sie sich Gedanken zu Ihrem Standort. – Ist dieser ideal? Halten sich Kosten und Nutzen die Waage? Wenn nicht, welcher Standort käme sonst noch in Frage?

SCHRITT 7: SO ENTWICKELN SIE IHRE UNTERNEHMENSPERSÖNLICHKEIT

„Was gut aussieht ist auch meistens gut." Diesen Satz sagte einmal der Geschäftsführer eines sehr erfolgreichen englischen Unternehmens, einer meiner früheren Arbeitgeber, ein Mensch, der über Jahre mein väterlicher Freund und Mentor geworden war.

Was er meinte war, dass man oft schon am Äußeren erkennt, wie die darunter liegenden Prozesse funktionieren, ob Qualität produziert wird, die Mitarbeiter glücklich sind oder ob schlecht gearbeitet wird- Qualität gibt sich in der Regel auch nach außen zu erkennen. Und so sollten auch Sie sich einige Gedanken über Ihr Auftreten machen. Also das ERSCHEINUNGSBILD, mit dem Sie Ihrem Kunden begegnen. Damit ist nicht nur Ihr persönliches Erscheinungsbild gemeint, sondern alles, was der Kunde sieht und mit Ihnen und Ihrem Unternehmen in Verbindung bringt.

Denken Sie daran, dass dieses Erscheinungsbild nicht nur den ersten, sondern in der Regel auch einen bleibenden Eindruck bei Ihren Kunden hinterlässt.

Im Neudeutschen wird dies als „Corporate Identity" bezeichnet. Das fängt mit den Firmenwagen oder dem Firmenschild an, dazu zählt die Kleidung Ihrer Mitarbeiter, Ihr Logo, das Briefpapier, einfach alles, was der Kunde von Ihnen mitbekommt.

Das allerwichtigste dabei ist: Es sollte einheitlich sein. Das erhöht den Wiedererkennungswert. Und - es sollte diese einzige spezielle Botschaft widerspiegeln, die Sie in Schritt 1 festgelegt und sich für Ihr Unternehmen auf die Fahnen geschrieben haben.

Die Beratungsgesellschaft, bei der ich vor einigen Jahren beschäftigt war, bekam einmal den Auftrag eines namhaften Automobilherstellers, die Corporate Identity Ihrer Autohändler zu überprüfen.

So fuhr ich dann quer durch Deutschland und besuchte zahlreiche Autohäuser. Der Hersteller wollte z.B. wissen, ob die Flaggen vor dem Autohaus ordnungsgemäß und sauber aufgehängt waren, die Preisschilder einheitlich und vorschriftsmäßig an den Autos angebracht waren, die Mitarbeiter die vorgegebene Kleidung mit dem Firmenlogo trugen und Probefahrten nach dem festgelegten Schema erfolgten.

Einige Autohäuser empfanden die Vorgaben des Herstellers als lästiges Prozedere und folgten lieber ihren eigenen Vorstellungen von Raumausstattung und Kundenansprache, andere wiederum inhalierten förmlich die Identität der Automarke. Ich erinnere mich dabei gerne an einen Autohändler in einem kleinen bayerischen Dorf, der nicht nur vorbildlich alle Standards der Marke erfüllte, sondern sogar ein eigenes Unternehmenslied gedichtet hatte. Als ich eintraf wurde die ganze Mannschaft zusammengetrommelt, der Mechaniker, der noch unter einem Auto lag, die Mutter des Händlers, die im Büro mithalf, der Meister, der Geselle, alle kamen in das Büro des Chefs. Nun stellte sich die komplette Belegschaft zu einem kleinen Chor auf und sang voller Inbrunst „ihr" Unternehmenslied – auf die Melodie von „Flipper". Es war wirklich rührend.

Während bei einigen Autohäusern die Botschaft der Automobilmarke nicht einheitlich rüberkam, war im letzten Beispiel alles in sich stimmig. Die Botschaft dieses Unternehmens, nämlich die Liebe zu dem Automobil und der Stolz, diese Autos verkaufen zu können, wurde aus jeder Pore geatmet. Nicht verwunderlich, dass dieses Autohaus zu den erfolgreichsten der Marke gehörte.

Dieser Händler hat verstanden, was den eigentlichen Erfolg ausmacht: Die Vorteile des Produktes auf eine Weise zu kommunizieren, die unsere Herzen und Sinne anspricht.

Ein weiterer wichtiger Punkt ist das VERHALTEN, wie Sie und Ihre Mitarbeiter mit Ihren Kunden aber auch untereinander umgehen.

Denn auch dies spiegelt die ganz persönliche Botschaft Ihres Unternehmens wider.

Überlegen Sie sich Verhaltensregeln, gegenüber dem Kunden und für den Umgang untereinander. Beobachten und notieren Sie, was am besten funktioniert und machen Sie das zum Standard.

Beispielsweise hat man in Studien festgestellt, dass Geschäfte mehr verkauften, in denen viel gelächelt wurde. Warum das? Man fand heraus, dass das lächelnde Gesicht einer Verkäuferin auch beim Kunden mehr Freude hervorrief. Dadurch wurde der gesamte Kauf als wesentlich positiver eingestuft und die Kunden kamen gerne wieder.

Nehmen Sie sich von nun an vor, jeden Kunden, der Ihr Fitnessstudio betritt oder mit einer Frage bei Ihnen anruft, mit einem offenen, ernstgemeinten Lächeln zu begrüßen (auch am Telefon kann man das wahrnehmen!). Zeigen Sie ihm, dass Sie sich freuen, ihn zu sehen! Er ist Ihr Kunde und hilft Ihnen bei der Erreichung Ihrer Ziele!

Diese Einstellung gegenüber dem Kunden sollte sich wie ein roter Faden durch Ihre ganze Projektabwicklung ziehen, auch wenn es zwischendurch einmal Probleme gibt.

Sie werden sehen, nicht nur Ihr Kunde wird den Unterschied bemerken, sondern Sie selbst werden bessere Laune bekommen und, wenn Sie Mitarbeiter haben, wird sich dies positiv auf Ihr gesamtes Betriebsklima auswirken.

Vielleicht schreiben Sie das in eine kleine Fibel, die jeder Mitarbeiter als persönliches Handbuch mitbekommt: „So machen wir es hier." Darin steht genau, wie der Kunde begrüßt wird, wie er bedient wird und wie man sich verhält nachdem das Projekt abgeschlossen wurde.

So ist die Art der KOMMUNIKATION eine wesentliche Eigenschaft Ihrer Unternehmenspersönlichkeit.

Doch wie wir wissen, ist das gesprochene Wort nur ein Teil der Kommunikation. Wir kommunizieren mit Worten, mit Taten oder mit Bildern. Diese Art der Kommunikation hat sich die klassische Werbung angeeignet, indem sie mit Zeitungsanzeigen oder Radio- und Fernsehspots die Botschaft eines bestimmten Produktes oder Unternehmens verbreitet.

Jedoch haben aktuelle neurowissenschaftliche Studien herausgefunden, dass gerade die Wirkung von Gerüchen oder unterschwelligen Geräuschen oder Musik den Kunden sehr nachhaltig beeinflussen kann.

Wir alle kennen den Werbeslogan von Toyota „Nichts ist unmöglich...“. Egal, wie dämlich sie auch sein mag, eine Melodie bleibt uns oft leichter im Kopf als ein Bild.

Musik beeinflusst zudem unsere Stimmung. Je glücklicher und entspannter wir sind, desto mehr kaufen wir. Daher dudelt in vielen Läden eine Hintergrundmusik, die uns einlullen und in Kaufstimmung bringen soll.

Überlegen Sie, wie Sie Musik oder Geräusche so einsetzen können, dass damit eine angenehmen Atmosphäre geschaffen wird und auch über den auditiven Kanal Ihre Unternehmensbotschaft kommuniziert wird.

Ebenso wissen wir, dass beispielsweise der Geruch von Essen uns Appetit machen kann, obwohl wir gar nicht hungrig waren. Oder bei einem bestimmten Duft oder Parfüm erinnern wir uns an eine Situation oder Person, auch wenn sie zeitmäßig schon lange zurückliegt.

Düfte wecken Assoziationen und wirken oft ganz subtil. Daher können Sie auch darüber nachdenken, wie Sie Düfte in Ihrem Studio einsetzen, um eine positive Stimmung zu schaffen.

1. Das Erscheinungsbild Ihres Fitnessstudios hinterlässt nicht nur den ersten, sondern einen bleibenden Eindruck bei Ihren Kunden.

2. Zum Erscheinungsbild gehört alles, was Ihr Kunde sieht: Inneneinrichtung, Kleidung, Logo etc.

3. Wichtig ist, dass das Erscheinungsbild einheitlich ist und die ganz spezielle Botschaft des Unternehmens widerspiegelt.

4. Die Botschaft kommt umso erfolgreicher beim Kunden an, wenn sie die Herzen und Sinne anspricht.

5. Wenn ein Kunde bei einem lächelnden Verkäufer kauft, beurteilt er den Kauf insgesamt positiver. Die Freude, die damit beim Kunden ausgelöst wird, beeinflusst seine Entscheidung, wiederzukommen.

6. Die Kommunikation mit Worten oder Bildern wird in der klassischen Werbung verwandt und ist heutzutage nur noch bedingt erfolgreich.

7. Einen wesentlichen Einfluss auf den Kunden haben zudem nachgewiesenermaßen Düfte, Geräusche und Musik.

1. Polieren Sie Ihr Erscheinungsbild auf. Wo kann etwas verbessert und vereinheitlicht werden, um die Botschaft Ihres Unternehmens besser herauszukehren?

2. Notieren Sie verschiedene Verhaltensweisen, die Ihre Unternehmenspersönlichkeit widerspiegelt und an die sich alle Mitarbeiter halten sollen.

3. Fassen Sie diese Verhaltensregeln in einem kleinen Handbuch zusammen, dass jeder Mitarbeiter ausgehändigt bekommt.

4. Überlegen Sie, wie Sie Düfte und Musik nutzen können, um Ihrem Geschäft eine positive Atmosphäre zu verleihen und probieren verschiedene Möglichkeiten aus.

SCHRITT 8: DIE WIRKUNG AUßERGEWÖHNLI-CHER AKTIONEN

„Die meisten Menschen bewegen sich auf dem goldenen Mittelweg und wundern sich, wenn er verstopft ist."
Hellmut Walters (1930-85), dt. Schriftsteller

Wenn Sie außergewöhnliche Erfolge erzielen wollen, müssen Sie anfangen, außergewöhnlich zu denken.

Oder anders ausgedrückt: Wenn Sie andere Ergebnisse erreichen wollen, als Sie bisher erreicht haben, müssen Sie bereit sein, andere Wege zu gehen.

Was Sie mit den anderen Schritten gemacht haben, könnte man als das Fundament bezeichnen. Nun ist es an der Zeit, durchzustarten und etwas Besonderes zu machen: Aktionen, über die die Leute sprechen!

Das Ziel ist es, Aufmerksamkeit zu erregen, Aufmerksamkeit für Ihr Fitnessstudio und Ihre Trainings, und mit außergewöhnlichen Aktionen für reichlich Gesprächsstoff zu sorgen. Schließlich ist Mund-zu-Mund-Propaganda die beste Werbung, die zudem völlig kostenlos ist.

In meinem Buch über Eventmarketing habe ich untersucht, wie große Firmen Veranstaltungen als Marketinginstrument einsetzen und welche Wirkung dies auf die Kunden hatte.

Wir alle kennen zahlreiche Beispiele für solche Events: Seien es die Weihnachtsveranstaltungen von Coca-Cola mit dem Weihnachtstruck, die Camel-Trophy oder spektakuläre Messeauftritte beim

Launch neuer Automobile. Wahrscheinlich fallen Ihnen auch viele Beispiele aus Ihrer Umgebung ein: Tage der offenen Tür oder Jubiläumsfeste.

Events oder besondere Aktionen haben eine Reihe von Vorteilen:

- Schon mit einfachen Mitteln lassen sich Aktionen planen, über die die Leute sprechen.

- Auf Veranstaltungen haben Sie die Möglichkeit, ein Produkt für Ihre Kunden erlebbar zu machen und möglichst viele Sinne auf einmal anzusprechen.

- Eine besondere Aktion bleibt lange im Gedächtnis.

Man konnte in Studien herausfinden, dass die Wirkung von Veranstaltungen viel nachhaltiger war als übliche Werbung und die Kunden sich oft noch lange an das Event erinnern konnten.

Wichtig ist, dass das Training, das Sie verkaufen wollen, entsprechend in Szene gesetzt wird. Je mehr Ihr Training fester Bestandteil der Veranstaltung ist, umso besser bleibt es im Gedächtnis.

Wie starten Sie nun eine außergewöhnliche Aktion, die Aufmerksamkeit erregt, für Gesprächsstoff sorgt, Ihre Trainings in Szene setzt und bei den Kunden lange im Gedächtnis bleibt?

1. Mund-zu-Mund-Propaganda ist die beste Werbung.

2. Veranstaltungen und besondere Aktionen liefern reichlich Gesprächsstoff.

3. Auf Veranstaltungen haben Sie die Möglichkeit, Ihre Trainings für den Kunden mit allen Sinnen erlebbar zu machen.

4. Wichtig für den Erfolg der Aktion ist, dass Ihre Trainings entsprechend in Szene gesetzt werden.

1. Schreiben Sie 10 Möglichkeiten für Aktionen auf.

2. Wählen Sie 3 Aktionen aus, die Sie in diesem Jahr durchführen könnten.

3. Machen Sie noch heute den ersten Schritt zu dieser Aktion (ein Anruf, Recherchieren im Internet etc.)

SCHRITT 9: SO SPRICHT DIE ÖFFENTLICHKEIT ÜBER SIE!

Das Beste, was Ihnen passieren kann ist, dass neben der Mund-zu-Mund-Propaganda in der Zeitung über Sie berichtet wird!

Wenn über Ihr Fitnessstudio oder Ihre Trainings in der Zeitung ein Artikel erscheint, werden das eine Menge Leute lesen. Zudem haben die Berichte und Artikel in Zeitungen immer eine größere Glaubwürdigkeit als beispielsweise Werbeanzeigen. Und: Zeitungsartikel sind völlig kostenlos!

Was müssen Sie nun anstellen, um in die Zeitung zu kommen? – Ganz einfach: Machen Sie etwas, über das die Leute sprechen! So, wie im vorherigen Schritt erklärt. Denn alles, über was Leute sprechen, ist auch Stoff für die Zeitung! Je außergewöhnlicher, desto besser!

Der zweite Schritt ist: Lassen Sie die Zeitung wissen, dass es etwas zu berichten gibt!

Gerade Lokalzeitungen haben manchmal Probleme ihre Seiten zu füllen. Sie sind froh über jede Story, die sie bekommen können.

Eine Möglichkeit ist, dass Sie selbst eine Pressemeldung über Ihre Aktion verfassen und diese an Lokalzeitschriften oder Fachzeitschriften verschicken.

Im Internet gibt es zudem Portale, in denen Sie Ihre Pressemeldung kostenlos veröffentlichen können. Mitarbeiter von Zeitschriften und Magazinen durchkämmen diese regelmäßig auf der Suche nach interessanten Meldungen. Wenn Sie Glück haben bzw. wenn Ihre Meldung gut und die Story erzählenswert ist, kommen Sie in die Zeitung.

Vor einiger Zeit verfasste ich eine Pressemeldung, um eine spezielle Veranstaltungsreihe publik zu machen. Ich verfasste eine Pressemeldung und versendete diese an die Redaktionen von Zeitschriften, die meine Zielgruppe (in dem Fall Personalabteilungen) lesen würde.

Noch am selben Abend rief mich die Chefredakteurin der Personalzeitschrift der Verlagsgruppe Handelsblatt an und sagte, dass mein Artikel wunderbar in die Thematik einer Sonderausgabe passen würde, die in der darauffolgenden Woche erscheinen solle. Die Auflage umfasste rund 20.000 Exemplare. Somit erreichte ich mit einer einzigen Pressemeldung 20.000 Personen aus meiner direkten Zielgruppe!

Das Beste daran war, dass ich für den Artikel (eine ganze Seite mit Bild, Kontaktdaten und Abdruck der Internetadresse) nicht nur nichts bezahlen musste, sondern sogar noch Honorar erhielt!

Eine bessere Werbung hätte ich mir nicht wünschen können.

Was sollten Sie also beachten, wenn Sie eine Pressemeldung verfassen? Nun, ihre Pressemeldung sollte wirklich eine erzählenswerte Nachricht sein. Kein alter Hut und schon gar nicht den Anschein einer Werbebotschaft enthalten. Die Überschrift sollte mitreißend sein und im ersten Absatz sollte die Fragen was?, wann?, wer?, wo?, wie? und warum? beantwortet werden.

Dann kommt die Story. Am Ende der Pressemeldung sollten Ihre Kontaktdaten stehen, falls es Rückmeldungen gibt, der Reporter weitere Informationen benötigt oder man sogar ein Interview mit Ihnen führen will.

Falls Sie selbst der Meinung sind, keine gute Pressemeldung verfassen zu können, fragen Sie jemanden aus Ihrem Familien- oder Freundeskreis oder aus Ihrer Firma, der gut schreiben kann. Es gibt auch Agenturen, die sich auf das Verfassen von Pressemitteilungen spezialisiert haben.

Eine weitere Möglichkeit, um in die Zeitung zu kommen ist: Rufen Sie an. Erklären Sie, dass Sie eine Aktion planen und laden Sie einen Vertreter der Zeitung ein, darüber zu berichten.

Wenn die Zeitung der Meinung ist, dass Ihre Aktion einen Artikel wert ist und einen Reporter schickt, behandeln Sie diesen gut, denn er macht kostenlos Werbung für Sie! Geben Sie ihm alle Informationen, die er benötigt, stehen Sie ihm für Fragen zur Seite und sagen Sie ihm, dass Sie ihm auch hinterher noch für Rückfragen gerne zur Verfügung stehen.

Was gibt sonst noch Stoff für eine Zeitungsmeldung?

WAS UNTERSCHEIDET SIE VON ANDEREN? Haben Sie ein ganz neuartiges Fitnessprogramm, eine besondere Tradition oder einen speziellen Service, den Sie anbieten? Vielleicht gibt es erzählenswerte Anekdoten aus Ihrer Firmengeschichte?

HABEN SIE BEZUG ZU EINEM LOKALEN ODER AKTUELLEN THEMA?

NEHMEN SIE BEZUG ZU BESONDEREN TAGEN.

Sie können den Medien auch KOSTENLOSE RATSCHLÄGE zukommen lassen. Also vielleicht besondere Trainingsvorschläge oder Ernährungstipps. Kostenlose Ratschläge werden immer wieder gerne abgedruckt.

Sie können auch die Zeitung über ANSTEHENDE AKTIONEN informieren, die Sie durchführen. Die Leserschaft möchte schließlich darüber informiert sein, wo es etwas Besonderes oder eine Veranstaltung gibt.

Schließlich und letztendlich können Sie sich an ÖFFENTLICHEN DISKUSSIONEN beteiligen, die in Ihren Fachbereich fallen.

In jedem Falle sollten Sie darauf achten, dass in dem Artikel der Bezug zu Ihrem Unternehmen hergestellt wird, also Leute auf Ihr Fitnessstudio aufmerksam werden.

Wie Sie sehen, gibt es genügend Stoff für einen Zeitungsartikel. Dies ist eine sehr gute und kostengünstige Methode, um die Werbetrommel für Ihr Fitnessstudio zu rühren. Und je mehr Leute überhaupt wissen, dass es Sie gibt, desto größer ist Ihre Chance neue Kunden zu gewinnen.

1. Um in die Zeitung zu kommen, müssen Sie etwas zu berichten haben.

2. Stoff für die Berichterstattung liefern z.B. Besonderheiten, lokale oder saisonale Anknüpfungspunkte, Ratschläge oder Tipps.

3. Zeitungsveröffentlichungen müssen einen Bezug zu Ihrem Fitnessstudio haben, um einen Marketingerfolg zu erzielen.

1. Notieren Sie 3 Zeitungen oder Magazine, die Ihre Kundschaft liest.

2. Überlegen Sie sich, über was Sie berichten könnten.

3. Rufen Sie eine dieser Zeitungen noch heute an und bieten Ihnen Informationen an oder schreiben Sie eine Pressemeldung.

SCHRITT 10: DIE UNGEAHNTEN MÖGLICH-
KEITEN DES INTERNETS

Eine PRÄSENZ IM INTERNET ist heutzutage unumgänglich. Auch für Fitnessstudios, gerade, wenn Sie neu eröffnen.

Viele Leute schauen heutzutage ins Internet, wenn Sie etwas suchen. Was früher der Eintrag in den Gelben Seiten war, ist heute das Internet.

Wenn Sie nicht gefunden werden, wird es Ihr Konkurrent!

Für neue Kunden ist Ihre Webseite dabei oft ein erster Eindruck oder wie eine Visitenkarte Ihres Unternehmens. Entsprechende Bedeutung sollten Sie daher Ihrer Webseite schenken.

Viele Konsumenten informieren sich mittlerweile auch vorab im Internet über Besonderheiten der Produkte, Preise und Angebote, auch wenn sie schließlich im Laden kaufen. Diese Preistransparenz erhöht den Preisdruck. Umso mehr lohnt ein professioneller, informativer Internet-Auftritt, der die eigenen Stärken betont.

Ein weiterer Vorteil des Internets ist das VERSENDEN VON EMAILS. Wenn Sie die Email-Adressen Ihrer Kunden haben, können Sie diese quasi per Knopfdruck über Neuigkeiten in Ihrem Fitnessstudio informieren.

Sie haben auch die Möglichkeit einen regelmäßigen NEWSLETTER zu verschicken und darin über Neuigkeiten oder besondere Aktionen zu berichten.

Das Internet eignet sich auch hervorragend zum NETZWERKEN. Beispielsweise können Sie sich in Blogs oder in Foren mit Kollegen und (potentiellen) Kunden austauschen.

Schließlich und letztendlich können Sie das Internet natürlich auch zum VERKAUF nutzen. Dafür gibt es spezielle Internetshop-Möglichkeiten, die Sie in Ihre Seite einbinden können.

Webseiten sind heute relativ schnell und einfach zu erstellen. Im Internet werden Sie viele Anbieter finden, bei denen Sie schnell und kostengünstig eine Webseite erstellen können. Oder Sie beauftragen jemanden damit, wenn Sie einen professionelleren Auftritt im Internet haben möchten.

Was sollten Sie bei der Erstellung der Homepage beachten?

Nun, zunächst einmal sollte Ihr Internetauftritt wieder ins Bild passen. Er sollte so gestaltet sein, dass auch hier Ihre ganz spezielle Unternehmens-Botschaft zum Tragen kommt.

Dann sollte sie alle Informationen enthalten, die für Ihre (neuen) Kunden relevant sein könnten, also z.B. Öffnungszeiten, Anschrift, Telefonnummer usw. und natürlich auch Informationen über Ihre Trainingsmöglichkeiten. Gerade, wenn Sie aktuelle Neuigkeiten haben, können Sie das auf Ihrer Seite kommunizieren.

Gestalten Sie Ihre Webseite zudem so, dass Sie gefunden werden, wenn man nach Ihnen sucht. Das heißt, geben Sie entsprechende Keywords ein, damit Sie in den Google-Suchmaschinen auftauchen. Man hat herausgefunden, dass die obersten Einträge in den Suchmaschinen die meisten Klicks bekommen, während die darunterliegenden oder die auf den nächsten Seiten kaum noch beachtet werden. Gerade, wenn man nicht speziell nach Ihrem Namen oder Geschäft sucht, sondern nach Ihren Produkten und Dienstleistungen, ist es wichtig sehr weit oben zu erscheinen, zumindest in Ihrer Region.

Je interaktiver Sie die Seite gestalten, desto mehr wird dies wieder Ihre Kunden an Ihr Fitnessstudio binden. Je öfter Ihre Kunden Ihre Webseite besuchen, desto mehr werden sie sich auch mit Ihrem Fitnessstudio identifizieren.

Selbst wenn die Einrichtung einer Webseite etwas Arbeit und vielleicht auch Geld benötigt, ist der Nutzen im Vergleich zum Einsatz immens.

Nicht zuletzt profilieren Sie sich dadurch als junges, innovatives Unternehmen und sprechen damit auch immer eine bestimmte Zielgruppe an.

1. Das Internet bietet die Möglichkeit die eigenen Stärken in Zeiten von erhöhter Transparenz und Kostenvergleichen darzustellen.

2. Neben der „Visitenkarte" mit Öffnungszeiten etc. lassen sich aktuelle Angebote oder besondere Aktionen einstellen.

3. Ein Newsletter oder regelmäßige e-Mails sind gute und kostengünstige Methoden, um mit Kunden in ständigem Kontakt zu bleiben und sie über Neuerungen zu informieren.

4. Das Internet bietet zudem über Plattformen und Foren eine gute Möglichkeit zum Netzwerken.

1. Wenn Sie bereits eine Webseite haben, überprüfen Sie, ob diese „ins Bild" passt und passen Sie sie gegebenenfalls an. Wenn Sie keine haben, erstellen Sie eine (oder lassen eine erstellen).

2. Überlegen Sie sich 3 Möglichkeiten, wie Sie etwas „Besonderes" auf Ihre Webseite stellen können.

3. Machen Sie noch heute den ersten Schritt, das umzusetzen.

4. Entwerfen Sie Ideen für einen regelmäßigen Newsletter.

SCHRITT 11: HINTERLASSEN SIE SPUREN IN DEN KÖPFEN DER MENSCHEN

Bestimmt ist Ihnen schon aufgefallen, dass James Bond im Film immer einen BMW oder Aston Martin fährt oder dass in einigen Sendungen bestimmte Produkte deutlich zu erkennen sind.

In der Werbeindustrie nennt man dieses PRODUKTPLATZIE-RUNG. Man hat in neurowissenschaftlichen Tests festgestellt, dass diese subtile Art der Werbung viel nachhaltiger wirkt als Werbespots im Fernsehen oder Zeitungsanzeigen, auf denen ein Produkt ganz offensichtlich beworben wird.

Der Grund dafür ist, dass diese Produkte unterschwellig in bestimmte Situationen integriert werden und sich somit ins Unterbewusstsein des Konsumenten einschleichen.

Das Problem bei dieser Art von Marketinginstrument ist zum einen, dass es teilweise überhandnimmt und Kunden bei dieser Art von Überflutung einfach „blind" für das einzelne Produkt werden. Zum anderen ist es bei großen Filmproduktionen sehr kostspielig und ist deshalb nur bei Produkten sinnvoll, die die breite Masse ansprechen.

Dennoch könnten auch Sie überlegen, wo Sie Ihre Trainings oder Dienstleistungen „integrieren" können. Damit meine ich nicht in Kinofilmen, sondern dort, wo Ihre Zielgruppe ist. Im kleinen Rahmen muss das dann auch nicht mehr kostspielig sein.

Überlegen Sie, wo Ihre Zielgruppe sich aufhält und wie Sie Ihre Trainings dort platzieren können, dass sie wie ganz zufällig dort auftauchen, aber bei Ihren Kunden eine ganz bestimmte Botschaft hinterlässt, die sich bei ihnen ins Gehirn einbrennt.

Wo Ihre Zielgruppe präsent ist, sollten auch Ihre Trainings präsent sein.

Oder Sie SPONSERN einen Sportverein oder ein bestimmtes Sportevent mit kostenlosen Trainingsmöglichkeiten und Vorführungen; oder auch ganz klassisch mit den Trikots, die dafür Ihr Logo tragen.

Auch hier sind Ihrer Fantasie wieder keine Grenzen gesetzt. Wichtig ist: Präsent sein!

Gerade für lokale Werbung eignet sich auch immer gut die VERTEILUNG VON FLYERN. Dazu notieren Sie einfach besondere Angebote oder Aktionen auf ein Blatt Papier, und verteilen diese in den Briefkästen in Ihrer Gegend.

Gerade bei solchen Aktionen ist jedoch wichtig, dass Sie sicherstellen, dass Ihre Flyer auch bei Ihrer direkten Zielgruppe ankommen. Ein wahlloses Verteilen von Zetteln ist reine Zeit- und Geldverschwendung.

Weitere Möglichkeiten, um Spuren zu hinterlassen, sind z.B. die Aufschrift am Firmenwagen oder der Eintrag im Telefonbuch. Bei letzterem könnten Sie sogar überlegen, etwas mehr Geld in eine Farbanzeige zu investieren. Forscher fanden heraus, dass Menschen Farbanzeigen zwei Sekunden oder länger ihre Aufmerksamkeit schenkten, während sie Schwarzweißanzeigen nur eine Sekunde lang oder weniger ansahen.

Bestimmt fallen Ihnen noch weitere kostengünstige Möglichkeiten ein, wie und wo Sie Spuren hinterlassen, um so die Aufmerksamkeit auf Ihr Fitnessstudio oder Ihre Trainings zu lenken.

Doch vergessen Sie dabei nie, dass solche Dinge nie planlos machen sollten, weil sie sonst ihre Wirkung verlieren. Denken Sie stets an Ihre Zielgruppe und an Ihre ganz spezielle Unternehmensbotschaft!

1. Situationen, in denen Ihr Training oder Ihr Fitnessstudio „zufällig auftaucht" wirken nachhaltiger als offensichtliche Werbung.

2. Sponsoring und Produktplatzierung sind Wege, um Ihre Marke bekannt zu machen.

3. Flyer eignen sich als schnelles und kostengünstiges Mittel, um bestimmte Angebote in einer Region anzupreisen.

4. Weitere kostengünstige Werbung machen Sie auch mit Aufklebern auf Firmenwagen oder dem Eintrag im Telefonbuch.

5. Damit diese Art von Werbung keine Zeit- und Geldverschwendung ist, stellen Sie sicher, dass Sie Ihre Zielgruppe treffen und Ihre Unternehmensbotschaft eindeutig rüberkommt.

1. Schreiben Sie 5 Veranstaltungen, Vereine oder Personen auf, die eine große Öffentlichkeitswirkung bei Ihrer Zielgruppe haben.

2. Überlegen Sie, wie Sie in diesem Zusammenhang Ihre Trainings oder Ihr Fitnessstudio präsentieren können und stellen Sie den ersten Kontakt her.

3. Erstellen Sie einen Flyer mit besonderen Angeboten und verteilen diesen in Ihrer Zielgegend.

4. Überlegen Sie, wie und wo Sie sonst noch „Spuren" hinterlassen könnten.

SCHRITT 12: SO BLEIBEN SIE AUF KURS!

„Langfristig sind Sie nur erfolgreich, wenn Sie wissen, warum Sie erfolgreich sind."
Rupert Lay (*1929), dt. Theologe, Philosoph, Rhetorik- u. Hochschullehrer

Nun haben Sie viele Schritte kennengelernt, mit denen Sie mit geringen Mitteln Ihr Ergebnis immens verbessern können.

Jetzt ist es nur wichtig, dass Sie auf Kurs bleiben, sich nicht verzetteln und immer Ihr Ziel im Auge behalten.

Es gibt viele Gelegenheiten, die uns immer wieder von unseren Zielen abbringen. Selbstzweifel, Kritik von anderen oder einfach Ablenkung. Man verliert das Ziel aus den Augen, das man sich anfangs gesetzt hat, weil man wieder von der Routine des Alltags erfasst wird. Deshalb ist es so entscheidend, sich stets an seine Ziele und seine „Strategie" zu erinnern und zu messen, wo man gerade steht und welche Schritte man noch gehen muss.

Aus diesem Grund benötigen Sie jetzt die Strategietafel, die Sie in Schritt 1 angelegt haben. Schauen Sie darauf und rufen sich noch einmal Ihre Ziele ins Gedächtnis. Wo wollen Sie hin? Wo sind Sie jetzt? Was muss vielleicht geändert, angepasst oder hinzugefügt werden?

Sie sollten genau beobachten welche Ihrer Aktionen Erfolg bringen oder gebracht haben und welche weniger. Probieren Sie aus, und wenn es nicht so war, wie Sie es sich gewünscht haben, probieren Sie etwas Neues aus. Probieren geht nun einmal über Studieren! Nur wenn Sie im Markt testen, was funktioniert, werden Sie erkennen, wo Ihre ganz persönlichen Stärken liegen.

Das heißt natürlich auch, dass Sie Ihren Kurs auch ändern können. Jedoch sollten Sie immer ein Ziel haben und sich nicht wie eine ruderlose Nussschale auf dem großen Ozean hin- und hertreiben lassen.

Sie sind der Steuermann. Sie entscheiden, wo es hingeht, welche Klippen es zu umschiffen gilt, wo mit Volldampf voraus gefahren werden kann oder wo man lieber etwas vorsichtiger fahren sollte. Sie haben das Ziel im Kopf und halten den Kompass in der Hand. Dennoch müssen Sie nicht alles allein machen, schließlich haben Sie eine Mannschaft und können sich jederzeit Hilfe und Unterstützung holen.

Wenn Sie dann ein Ziel erreicht haben: Feiern Sie Ihre Erfolge!!

Das signalisiert Ihnen, dass der eingeschlagene Kurs richtig war und hilft Ihnen, sich für weitere Ziele zu motivieren.

Überlegen Sie auch, wo Sie noch etwas verbessern können. Welche Abläufe können optimiert, welche Produkte oder Marketingaktionen noch besser gestaltet werden?

Mit dieser Sichtweise können Sie Ihr Fitnessstudio nicht nur auf die nächste Ebene bringen, sondern haben den Grundstein für lebenslangen Erfolg gelegt.

1. Um den Erfolgskurs einzuhalten, ist es wichtig sich ständig an seine Ziele zu erinnern und zu messen, wie weit man bereits gekommen ist.

2. Kleinere Erfolge oder Misserfolge sind der Kompass auf dem Weg zu unserem Ziel.

3. Die Zielerreichung muss gefeiert werden, um uns für neue Ziele zu motivieren.

4. Ständige Verbesserung ist der Grundstein für lebenslangen Erfolg.

1. Überprüfen, ergänzen und optimieren Sie Ihre Strategietafel aus Schritt 1.

2. Fixieren Sie Ihre persönliche Strategie und Ihre Geschäftsstrategie für die nächsten 12 Monate.

3. Hängen Sie die Strategietafel gut sichtbar auf.

4. Machen Sie ständig kleine Schritte um Ihre Ziele zu erreichen und holen Sie sich Unterstützung, um den Prozess zu beschleunigen.

5. Messen Sie den Erreichungsgrad Ihrer Ziele und feiern Sie Erfolge!

NACHWORT

Ich hoffe, dass Sie aus diesem Buch viele nützliche Anregungen ziehen konnten. Wenn Sie während der einzelnen Schritte die Aktionen durchgeführt haben, werden Sie sehen, dass sich der Erfolg recht bald bei Ihnen einstellt, falls es nicht schon bereits geschehen ist.

Ich würde mich sehr über Ihre Erfahrungsberichte freuen und natürlich auch über Anregungen oder Fragen, die Sie haben.

Schicken Sie einfach eine E-Mail an anne-katrin.straesser@aks-bc.de oder schreiben an folgende Adresse: Anna-Schneider-Steig 17, D-50678 Köln, Deutschland.

Ich würde mich freuen, von Ihnen zu hören! Auf diesem Wege wünsche ich Ihnen

viel Erfolg!

Ihre Anne-Katrin Straesser

Als Anerkennung, dass Sie bis hierhin durchgehalten haben und als Dankeschön, habe ich noch einen besonderen Bonus für Sie.

Lassen Sie sich überraschen!

Sie können Ihr Geschenk auf der Internetseite www.fitness-marketing.org abholen.

Geben Sie dazu einfach die ISBN dieses Buches und Ihre Email-Adresse ein, und Sie bekommen den Bonus umgehend zugemailt.

ÜBER DIE AUTORIN

Dr. Anne-Katrin Straesser hat mehrere Jahre im Marketing und Vertrieb in kleinen und mittelständischen Betrieben gearbeitet und berufsbegleitend BWL studiert, bevor sie ins Reich der Angelsachsen zog, um in Oxford ihren Master of Business Administration zu machen.

Beim Studium von zahlreichen Büchern über strategisches Marketing, operatives Marketing, Marketing-Planung, Marktsegmentierung, Marketing-Mix, Return on Marketing Investment, Markenpositionierung und und und, war ihr noch nicht ganz klar, dass eigentlich alles ganz einfach ist!

Anschließend wechselte sie zu einer internationalen Unternehmensberatung, und war dort in München und Sydney tätig.

Nebenbei schrieb sie ihre Doktorarbeit und hielt Vorlesungen an der Fachhochschule.

Seit 2005 arbeitet sie als selbstständige Unternehmensberaterin und Coach und unterstützt Firmen und Unternehmer dabei, ihr Potential zu entdecken und umzusetzen.

LITERATURVERZEICHNIS

Browning, Randy & Kumar, Sammy: To the Max, Revenue Maximisation: Capturing The Opportunities Within, New York, 2003

Genossenschaftsbanken (Hrsg.), Brancheninformationen, Berlin, 2009

Gerber, Michael: The E-Myth revisited, why most small businesses don't work and what to do about it, Santa Rosa, 1995

Germany Trade and Invest, Industry Overview, Berlin, 2009

Hill, Napoleon: Think and Grow Rich.

Kotler, Philip et al.: Principles of Marketing, New Jersey, 1999

Kotler, Philip et al.: Marketing Management. International Edition, New Jersey, 2009

Kuntz, Bernhard: Warum kennt den jeder?, Bonn, 2008

Lindstrom, Martin: Buy.ology, warum wir kaufen, was wir kaufen, Frankfurt, 2009

Maslow, Abraham: A Theory of Human Motivation, Psychological Review 50, 1943

Meffert, Heribert: Marketing: Grundlagen marktorientierter Unternehmensführung, 9. Auflage, Wiesbaden, 2000

Peters, Tom: Re-Imaging, Business Excellence in a Disruptive Age, London, 2003

Straesser, Anne-Katrin: Eventmarketing – Konzeption, Inszenierung, Controlling, Hamburg, 2001

Straesser, Anne-Katrin: Die Profitabilitätsanalyse im angewandten Marketing, 2004, in: BDVB 1/2004.

Straesser, Anne-Katrin: Kundenbindung versus Profitabilität?, in: Absatzwirtschaft, 09/2003.

Sugarmann, Joseph: The Adweek Copywriting Handbook, New Jersey, 2007

Vitale, Joe: Hypnotic Marketing, Wimberly, 2007

Zentralverband des Deutschen Handwerks (Hrsg.), Konjunkturbericht 1/2009, Aachen, 2009

Zentralverband des Deutschen Handwerks (Hrsg.), Konjunkturbericht 2/2008, Aachen, 2008

Zentralverband des Deutschen Handwerks (Hrsg.), Beratungs- und Informationssystem im Handwerk (www.bis-handwerk .de), Berlin, 2009